diálogo
{ comunicação e redes de convivência }

diálogo

{ comunicação e redes de convivência }

DAVID BOHM

(editado por Lee Nichol)

tradução: **Humberto Mariotti**

Palas Athena

Título original: *On Dialogue*
Copyright © 1996 by David Bohm
Tradução autorizada da língua inglesa, a partir da edição da Routledge,
membro do Taylor & Francis Group.

Grafia segundo o Acordo Ortográfico da Língua Portuguesa de 1990,
que entrou em vigor no Brasil em 2009

Coordenação editorial: *Emilio Moufarrige*
Consultoria editorial: *Lia Diskin*
Preparação de texto: *Cristina Zauhy*
Revisão de provas: *Adir de Lima*
Revisão ortográfica: *Lidia La Marck*
Capa: *Julio Carvalho*
Diagramação: *Maria do Carmo de Oliveira*

Dados Internacionais de Catalogação na Publicação (CIP)
(Câmara Brasileira do Livro, SP, Brasil)

Bohm, David
    Diálogo : comunicação e redes de convivência /
(editado por Lee Nichol) ; tradução Humberto Mariotti.
- - São Paulo: Palas Athena, 2005.

    Título original: On Dialogue.
    Bibliografia.
    ISBN 85-7242-054-1

    1. Ciências cognitivas 2. Comunicação 3. Convivência
4. Diálogo I. Nichol, Lee. II. Mariotti, Humberto. III. Título.

05-3068   CDD- 302.14

Índices para catálogo sistemático:
1. Diálogo : Comunicação e redes de convivência :
Sociologia 302.14.

3ª edição – março de 2020

Todos os direitos reservados e protegidos
pela Lei 9.610 de 19 de fevereiro de 1998.
É proibida a reprodução total ou parcial, por quaisquer meios,
sem a autorização prévia, por escrito, da Editora.

Direitos adquiridos para a língua portuguesa no Brasil por
PALAS ATHENA EDITORA
Alameda Lorena, 355 - Jardim Paulista
01424-001 - São Paulo - SP - Brasil
fone: (11) 3050-6188
www.palasathena.org.br   editora@palasathena.org.br

SUMÁRIO

Prefácio	7
Agradecimentos	25
1. SOBRE A COMUNICAÇÃO	27
2. SOBRE O DIÁLOGO	33
3. A NATUREZA DO PENSAMENTO COLETIVO	97
4. O PROBLEMA E O PARADOXO	117
5. O OBSERVADOR E O OBSERVADO	128
6. A SUSPENSÃO DE PRESSUPOSTOS, O CORPO E A PROPRIOCEPÇÃO	133
7. O PENSAMENTO PARTICIPATIVO E O ILIMITADO	150
Bibliografia	169
Índice remissivo	171

PREFÁCIO

Diálogo – Comunicação e redes de convivência é, até o momento, a documentação mais abrangente do processo ao qual David Bohm se referiu simplesmente como "diálogo". Esta edição, revista e aumentada do livreto original do mesmo nome, tem por objetivo servir tanto de manual prático para os interessados no diálogo, quanto de fundamentação teórica para aqueles que visam a familiarizar-se com as implicações mais profundas da visão de mundo dialógica de Bohm. Embora o exercício do diálogo seja tão antigo quanto a própria civilização, nos últimos tempos surgiu uma profusão de práticas, técnicas e definições em torno do termo "diálogo". Ainda que nenhuma dessas abordagens possa proclamar-se "correta", na verdade é possível distinguir as várias visões e esclarecer o que cada uma delas pretende. Para essa finalidade, a presente edição de *Diálogo* realça o significado subjacente, o propósito e a singularidade do trabalho de David Bohm nesse campo.

Tal como concebido por ele, o diálogo é um processo multifacetado, que vai muito além das noções típicas do linguajar e do intercâmbio coloquiais. É um método que examina um âmbito extraordinariamente amplo da experiência humana: nossos valores mais intimamente arraigados; a natureza e a intensidade das emoções; os padrões de nossos processos de pensamento; a função da memória; a importância dos mitos culturais herdados; e, por fim, a maneira segundo a qual nossa neurofisiologia estrutura a experiência do aqui e agora.

De um modo talvez ainda mais importante, o diálogo examina a forma pela qual o *pensamento* – visto por Bohm como um veículo inerentemente limitado em vez de uma representação objetiva da realidade – é gerado e mantido no plano coletivo. Uma investigação como essa questiona necessariamente pontos de vista profundamente arraigados em relação à cultura, aos significados e à identidade. Assim, em seu sentido mais profundo, o diálogo é um convite para pôr à prova a viabilidade de definições tradicionais do que significa sermos humanos e, no plano coletivo, investigar a perspectiva de uma humanidade mais digna.

Ao longo de sua carreira de físico teórico, Bohm destacou o fato de que, a despeito das pretensões de busca da "verdade", o esforço científico sempre foi contaminado pela ambição pessoal, defesas rígidas de teorias e o peso da tradição – tudo isso às custas da participação criativa na orientação dos objetivos científicos comuns. Baseado em parte em tais observações, com frequência ele afirmou que a maioria da humanidade havia sido aprisionada numa teia similar de intenções e ações contraditórias. A seu ver, tais contradições conduziram não só a uma ciência de má qualidade, mas também a uma grande variedade de divisões sociais e pessoais. Segundo Bohm, essa fragmentação permeia todas as distinções culturais e geográficas e penetra em toda a humanidade, de tal maneira que nos tornamos fundamentalmente adaptados a ela.

Para ilustrar a importância da fragmentação, ele usou o exemplo de um relógio despedaçado, cujas peças se espalham aleatoriamente. Tais peças são bem diferentes das partes que foram juntadas para fabricar o relógio. Têm uma relação integral umas com as outras, e o resultado é uma totalidade funcional. Por outro lado, os fragmentos não mantêm nenhuma relação essencial. De modo semelhante, os processos genéricos de pensamento da humanidade tendem a perceber o mundo de uma forma fragmentária, "quebram coisas que na verdade não estão separadas". Tal modo de perceber, diz Bohm, resulta num mundo de nações, economias, religiões, sistemas de valores e "eus" que estão basicamente em disputa entre si, apesar das tentativas localmente bem sucedidas de impor a ordem social. Um dos principais objetivos do diálogo de Bohm é, portanto, tornar clara a atividade dessa fragmentação – não apenas na condição de análise teórica, mas também como um processo concreto, experiencial.

Na superfície, o diálogo é uma atividade relativamente direta. Um grupo de quinze a quarenta pessoas (as sugestões de Bohm quanto ao número de componentes variam) se juntam voluntariamente em círculo. Após alguns esclarecimentos iniciais sobre a natureza do processo, o grupo se defronta com a questão de como continuar. Como as pessoas combinaram antes que não haveria nenhuma agenda prévia, decidir sobre um ou vários tópicos pode levar algum tempo e, também, produzir um certo grau de frustração. Nesses estágios iniciais é útil a presença de um facilitador, mas seu papel deve ser eliminado o mais cedo possível para que o grupo possa determinar o seu próprio rumo.

A experiência mostra que, se um grupo assim continuar a se reunir com regularidade, as convenções sociais começam a se tornar tênues e o conteúdo das diferenças subculturais principia a se autoafirmar, não importa qual seja o tópico *du jour*[1]. Essa fricção emergente entre valores contrastantes está no âmago do diálogo e permite que os participantes percebam as suposições que estão ativas no grupo, o que inclui os pressupostos de cada um. O reconhecimento do poder desses pressupostos e a atenção à sua natureza, "semelhante à dos vírus", pode conduzir a uma nova compreensão da essência fragmentária e autodestrutiva de muitos dos nossos processos mentais. Com tal compreensão, as posturas defensivas podem diminuir, e, assim, o entusiasmo natural e o aumento da sociabilidade podem permear o grupo.

Se tudo isso soa de certo modo "arranjado", ou um tanto "formulado", é porque pode ser assim. Embora a experiência acumulada de muitas pessoas, em muitas partes do mundo, mostre que esse desdobramento pode de fato ocorrer, ele não é de modo algum garantido. O movimento de um grupo de diálogo é raramente do tipo que vai do ponto A ao ponto B. Em vez disso, é tipicamente mais recursivo, com desvios dinâmicos inesperados que se seguem a períodos de frustração, tédio e agitação, num círculo interminável.

---

1. *Du jour*: do dia. Em francês no original. [N. do T.]

Mesmo quando o potencial criativo do diálogo – sua capacidade de revelar as estruturas mais profundas da consciência – conta com a dedicação séria e constante dos participantes, muita atenção é necessária para acompanhar as implicações sutis das tendências assuntivas/reativas de cada um e, ao mesmo tempo, perceber padrões semelhantes na totalidade do grupo. Bohm destacava que essa atenção, esse estar presente, não é uma questão de conhecimento ampliado ou de técnica, nem tem como objetivo "corrigir" o que pode emergir na conversação. Em vez disso, sua natureza é mais a de uma curiosidade descontraída, não julgadora. Sua atividade principal é ver as coisas tão sem preconceitos e tão claramente quanto possível. O desenvolvimento de uma atenção dessa espécie, frequentemente deixada de lado nas versões utilitárias do diálogo, é o elemento central da abordagem de Bohm ao processo.

A preocupação com incoerências aparentemente intratáveis do pensamento humano o levou a empenhar-se em pesquisas com pessoas cujos pontos de vista eram semelhantes aos seus. Entre elas, a mais proeminente foi o educador e pensador indiano Jiddu Krishnamurti. Dois temas em especial despertaram interesse e emergiram como componentes adicionais do ponto de vista de Bohm sobre o diálogo: a perspectiva de que os problemas do pensamento são fundamentalmente coletivos, em vez de individuais, e o paradoxo do "observador e do observado", que implica que métodos tradicionais, como a introspecção e o autoaperfeiçoamento, são inadequados para a compreensão da essência da mente.

Bohm também investigou a natureza da comunicação e do diálogo com o psiquiatra inglês Dr. Patrick de Mare. Entre as muitas ideias que de Mare estudou em contextos grupais, duas se tornaram proeminentes na evolução das concepções de Bohm. A noção de "companheirismo difuso" sugere que a abertura e a confiança autênticas podem emergir num contexto de grupo, sem que seus membros tenham compartilhado suas histórias pessoais. Além disso, a teoria da "microcultura" propõe que uma amostragem da totalidade de uma cultura pode existir num grupo de vinte ou mais pessoas e, por esse meio, impregná-lo de múltiplas visões e sistemas de valores.

Enquanto essas pesquisas progrediam, Bohm viajou pela Europa e EUA com sua esposa Sarah e deu seminários sobre temas científicos e filosóficos. Um desses eventos, ocorrido na primavera de 1984 em Mickleton, na Inglaterra, foi uma abertura para a emergência de mais dois aspectos do diálogo: a noção de significado compartilhado em um grupo e a ausência de um propósito ou agenda pré-estabelecidos. Ele descreveu a importância do seminário do seguinte modo:

O fim de semana começou com a expectativa de que haveria uma série de palestras e discussões informativas, com ênfase no conteúdo.

Aos poucos, emergiu o sentimento de que se tratava de algo mais importante – o despertar do processo do diálogo em si mesmo, como um livre fluxo de significados entre todos os participantes. No começo, as pessoas expressavam posições fixas que tendiam a defender, mas em seguida tornou-se claro que era fundamental manter o sentimento de amizade no grupo e não apenas sustentar pontos de vista. Essa amizade era difusa, no sentido de que seu estabelecimento não dependia de relacionamentos interpessoais estreitos entre os participantes. Assim, uma nova espécie de mentalidade começa a surgir, com base no desenvolvimento de um significado comum que está em constante transformação no processo do diálogo. As pessoas já não estão basicamente em oposição, nem se pode dizer que estejam interagindo. Em vez disso, elas participam desse âmbito comum de significados que se mostra capaz de desenvolver-se e mudar constantemente. Ao longo desse desenvolvimento, o grupo não tem nenhum objetivo pré-estabelecido, embora a cada momento possa surgir um propósito que pode mudar livremente. Desse modo, o grupo começa a se empenhar numa nova dinâmica de relacionamentos, da qual nenhum interlocutor é excluído. O mesmo acontece com quaisquer conteúdos específicos.

Até o momento, só começamos a examinar as possibilidades do diálogo no sentido aqui indicado. Contudo, se formos mais longe nessa direção, pode abrir-se a perspectiva de transformações, não apenas nas relações entre as pessoas, mas também na própria natureza da consciência da qual se originam tais relações.[2]

Aqui encontramos uma definição essencial: o diálogo tem por finalidade a compreensão da consciência *per se*[3], bem como investigar a natureza problemática

---

2. BOHM, David. *Unfolding meaning*. Londres: Routledge, 1987, p. 175.
3. *Per se*: em si própria. Em latim no original. [N. do T.]

dos relacionamentos e comunicações do cotidiano. Essa definição fornece um fundamento, um ponto de referência, se preferirem, para os componentes-chave do diálogo: o significado compartilhado; a natureza coletiva do pensamento; a disseminação da fragmentação; a função da percepção consciente; o contexto microcultural; a natureza não dirigida; a amizade difusa; e, por fim, o paradoxo do observador e do observado. A amplitude de visão indicada por esses vários elementos sugere que a concepção que Bohm tem do diálogo é radical. Como ele próprio destacou, entretanto, o diálogo é um processo de encontro direto, face a face, que não deve ser confundido com teorizações e especulações intermináveis. Numa época de abstrações cada vez mais rápidas e representações digitais sem emendas, a insistência em encarar a desordem inconveniente da experiência diária, corpórea, talvez seja a mais radical de todas as concepções.

David Bohm continuou a refinar suas noções de diálogo até sua morte, em 1992, e acrescentou material novo em seus últimos anos. Além disso, há um considerável volume de seu trabalho que remonta a 1970, o qual tem influência direta no desenvolvimento do diálogo e de seus alicerces. Neste volume, são apresentados juntos pela primeira vez trechos escolhidos desse material, o que proporciona um levantamento extenso do trabalho de Bohm nesse campo.

O material deriva de dois contextos distintos. O primeiro e o quarto capítulos, "Sobre a comunicação" e "O problema e o paradoxo" são ensaios específicos de sua autoria, escritos em 1970 e 1971, respectivamente. Ambos foram originalmente publicados no Boletim do Conselho

Diretor da Fundação Krishnamurti da Inglaterra. O restante foi retirado basicamente de seminários e encontros de pequenos grupos realizados em Ojai, Califórnia, entre 1977 e 1992. Assim, este livro é uma combinação de apresentações feitas de improviso e ensaios intencionais, compostos de reflexões. Seu intuito é fornecer uma introdução geral ao diálogo e proporcionar capítulos de referência que se relacionam a alguns temas centrais da teoria dialógica. O leitor pode utilizar o capítulo "Sobre o diálogo" como introdução. Porém, deve dirigir-se aos demais para um exame aprofundado de questões antes apresentadas só como tópicos.

O primeiro capítulo, "Sobre a comunicação", fornece *insights* sobre as primeiras formulações de Bohm quanto ao significado do diálogo, em especial a maneira pela qual a sensibilidade "à similaridade e à diferença" se tornou parte do trabalho do cientista, do artista e das comunicações do dia a dia. O ensaio é premonitório em seu modo de falar sobre o "ouvir", uma questão frequentemente mal compreendida no processo do diálogo. "Ouvir", no contexto dialógico, é muitas vezes interpretado como uma sensibilidade profunda, cuidadosa e empática em relação às palavras e significados produzidos pelos membros do grupo. No entanto, ouvir faz *parte* do diálogo. Bohm delineia aqui uma concepção diferente de ouvir, na qual erros de percepção da fala de alguém podem levar ao surgimento de novos significados. Entender esse ponto é essencial para a compreensão do que ele acabou por denominar de "fluxo de significados".

O segundo capítulo, "Sobre o diálogo", dá uma visão panorâmica e uma base racional do processo do diálogo, em que questões práticas e operacionais são examinadas em detalhe. Certos fundamentos do diálogo – a suspensão, a sensibilidade e o impulso de "necessidade" – são apresentados e explicados. Além disso, as dificuldades que emergem durante o processo são mapeadas, com sugestões sobre como usá-las para aprofundar a compreensão do processo em si. Bohm também apresenta o que chama de "visão de diálogo" – a perspectiva de que nossa tendência a cair numa atividade grupal indiferente pode ser transformada em companheirismo, apenas pelo enfrentamento da real natureza de nossos problemas.

No texto "A natureza do pensamento coletivo", ele sugere que um "fundo comum" de conhecimentos – tácitos e manifestos – se acumulou ao longo da evolução humana. É esse fundo, em sua opinião, que dá origem a grande parte de nossa percepção de mundo, aos significados que atribuímos aos acontecimentos e, por fim, ao nosso próprio senso de individualidade. Tal conhecimento, ou pensamento, movimenta-se independentemente de qualquer indivíduo, ou mesmo de qualquer cultura específica – de modo muito semelhante a um vírus. Com base nessa perspectiva, nossas tentativas de resolver problemas por meio de análises altamente personalizadas, ou pela atribuição de qualidades malignas a "outros" grupos ou indivíduos, são de valia limitada. O que é necessário, segundo Bohm, é começar a lidar de outra maneira com o movimento do pensamento, olhar para pontos aos quais antes não dávamos atenção. Usando a analogia de um rio que vem sendo poluído em sua nascente, ele observa que a remoção da poluição "correnteza abaixo" não pode resolver o problema. A solução real está em remover o que polui a nascente.

Para ilustrar um aspecto dessa poluição generativa, Bohm examina a maneira pela qual elementos da percepção se fundem com os da memória para produzir *representações* que nos guiam momento a momento em nossa experiência. A construção dessas representações, que é natural e necessária, é no entanto um processo localizado no âmago da incoerência produtiva. Segundo Bohm, a dificuldade essencial é que presumimos, automaticamente, que nossas representações são *retratos verdadeiros da realidade*, quando na verdade são guias relativos para ações baseadas em recordações não examinadas.

Ao presumirmos que as representações são fundamentalmente verdadeiras, elas "se apresentam" como realidades, e não temos escolha a não ser agir de acordo com isso. O que se sugere é que não devemos tentar modificar o *processo* de produção das representações (o que pode ser impossível), mas que observemos com cuidado o fato de que qualquer representação – intuitivamente percebida como realidade – pode ser, de algum modo, menos do que real ou verdadeira. Com base em tal perspectiva, podemos nos capacitar a juntar-nos à inteligência reflexiva – uma espécie de discernimento que nos habilita a perceber e prescindir de representações basicamente falsas e tornarmo-nos mais precisos na formação de outras. Para Bohm, talvez o maior desafio seja lidar com as representações tacitamente formadas e mantidas na esfera coletiva.

Em "O problema do paradoxo", ele destaca que quando operamos no âmbito prático ou técnico, definimos, tipicamente, o problema com o qual queremos lidar e, a seguir, aplicamos de modo sistemático uma solução. Contudo, no âmbito dos relacionamentos, interna ou externamente, a proposição de um "problema" a ser resolvido cria uma estrutura contraditória. Ao contrário dos problemas práticos, em que "a coisa" a ser resolvida é independente de nós (por exemplo, a melhoria do projeto de embarcações oceânicas), as dificuldades psicológicas não têm tal independência. Se percebo que sou suscetível à bajulação, e defino isso como um problema a ser resolvido, faço uma distinção interna entre "eu mesmo" e a "suscetibilidade à lisonja", a qual na verdade não existe. Desse modo, pareço ser composto de pelo menos duas partes: uma é a urgência em acreditar na adulação, e a outra a de não crer nela. Dessa forma, procedo com base em uma contradição, o que resultará num ciclo de tentativas confusas de "resolver" um "problema" cuja natureza é diferente da de uma dificuldade técnica. Bohm sugere que nesses casos o que de fato ocorre é um paradoxo, não um problema. Como um paradoxo não tem solução discernível, é necessária uma nova abordagem, isto é, a atenção continuada ao paradoxo em si, em vez de tentativas de erradicar o "problema". A confusão entre problema e paradoxo existe em todos os planos da sociedade, do individual ao global.

    O capítulo "O observador e o observado" continua a investigação sobre a natureza paradoxal da experiência interior. Bohm examina especificamente o fenômeno de uma "entidade central", um "eu" que observa e atua sobre si próprio. Por exemplo, se me percebo irritado, posso tentar modificar a "minha raiva". Nesse ponto, surge uma distinção: há o observador (o "eu") e o observado (a "raiva"). Bohm sugere que esse observador é basicamente um movimento de pressuposições e experiências – o que inclui a raiva –, ao qual atribuímos um *status* de "entidade" por meio do hábito, da falta de atenção e dos consensos culturais. A sensação de que existe uma entidade interior, à qual damos imenso valor, faz com que ponhamos em ação um mecanismo protetor, que permite que o "observador" olhe para o interior e para o exterior de todos os "problemas", mas não se autoexamine de modo constante. Essa limitação do alcance da atividade da mente é considerada mais um fator da incoerência genérica do pensamento.

O capítulo "A suspensão de pressupostos, o corpo e a propriocepção[4]" é uma investigação de vários aspectos da atenção, os quais têm o potencial de abrir caminho em meio à confusão produzida pelo peso da opinião coletiva, pelas representações mal fundamentadas e pela ilusão do observador e do observado. Bohm afirma que, tanto no contexto do indivíduo quanto no do diálogo, é possível "suspender" pressupostos. Por exemplo: se você acha que alguém é um idiota, para suspender essa pressuposição seria necessário: a) evitar dizer isso de modo tão aparente; b) abster-se de dizer a você mesmo que não deve pensar em tais coisas. Desse modo, os efeitos do pensamento "você é um idiota" (agitação, raiva, ressentimento) ficam livres para seguir o seu curso, mas de uma forma que permite que você possa simplesmente observá-los, em vez de

---

4. Propriocepção: percepção de estímulos que se originam no interior do próprio organismo. [N. do T.]

identificar-se com eles. Em outras palavras, suspender um pressuposto ou reação significa nem reprimi-los nem continuar a alimentá-los, mas dar-lhes toda a atenção.

Na suspensão, o papel do corpo é de grande importância. Se um impulso forte for suspenso, ele se manifestará inevitavelmente no físico – aumentam a pressão arterial, a secreção de adrenalina, a tensão muscular e assim por diante. Do mesmo modo, emergirá um espectro de emoções. De acordo com Bohm, esses componentes – pensamentos, emoções, reações corpóreas – são na verdade um todo contínuo. Ao parecer diferentes, eles se sustentam mutuamente: um pensamento aqui, uma dor no pescoço ali e um observador que de alguma forma se esforça para lidar com tudo isso. Subjacente a essa atividade está a pressuposição de que a dificuldade é causada pelo "outro", por algo que está "lá fora".

Bohm sugere que a "propriocepção" do pensamento pode ser capaz de penetrar diretamente nesse ciclo de confusão. Do ponto de vista fisiológico, ela dá ao corpo um *feedback* imediato de sua própria atividade. Pode-se andar para cima e para baixo, por exemplo, sem ter de comandar conscientemente os movimentos do corpo. Além do mais, podem-se fazer distinções claras entre o que se origina no interior do corpo e o que vem de fora. Se você movimenta o braço, não tem a impressão errônea de que alguém mais o moveu por você. No mais das vezes, porém, falta-nos um *feedback* imediato sobre o movimento do pensamento. Por isso, com frequência imaginamos que uma determinada dificuldade se origina fora de nós, quando na verdade ela é uma construção do nosso pensamento. Bohm propõe que por meio da suspensão o movimento do pensamento pode se tornar proprioceptivo, tal como ocorre com o corpo.

O capítulo "O pensamento participativo e o ilimitado" pesquisa a relação entre o que Bohm chama de "pensamento literal" e "pensamento participativo". O pensamento literal é prático e voltado para resultados. Seu objetivo é formar quadros distintos e inequívocos das coisas "tal como elas são". O pensamento científico e o técnico são variantes contemporâneas do literal.

Bohm sustenta que embora o pensamento literal tenha predominado desde o início da civilização, existe um modo mais arcaico de percepção, formado ao longo de toda a evolução humana, que permanece latente – e às vezes ativo – na estrutura de nossa consciência. Ele o denomina de "pensamento participativo". Trata-se de uma forma de pensar na qual fronteiras distintas são percebidas como permeáveis, os objetos têm relações subjacentes uns com os outros e o movimento do mundo perceptível é sentido como essencial e vitalmente participativo. Mesmo hoje, observa ele, muitas culturas tribais conservam alguns aspectos do pensamento participativo.

Embora reconhecendo que tal pensamento é suscetível de projeção e erro, Bohm no entanto afirma que, em seu âmago, o pensamento participativo é capaz de perceber camadas de relacionamento geralmente inacessíveis à perspectiva "literal". Na verdade, ele sugere que a abordagem do pensamento participativo não difere de sua visão da *ordem implicada*, na qual os fenômenos do mundo manifesto são entendidos como aspectos temporários do movimento de uma ordem natural mais profunda, num processo perpétuo de "dobramento" (contração) e "desdobramento" (expansão). O ponto essencial a considerar, diz Bohm, é que tanto o pensamento literal quanto o participativo têm virtudes e limitações. Ele pede que sejam feitas novas investigações sobre as relações entre essas duas formas de pensar, e sugere que o diálogo é um instrumento adequado para tais pesquisas.

Por fim, Bohm levanta dúvidas sobre se qualquer forma de pensamento pode apreender o que ele chama de "ilimitado". Como a própria natureza do pensamento consiste em escolher abstrações limitadas do mundo, ele não pode abordar "as bases do nosso ser" – que são ilimitadas. Ainda assim, ao mesmo tempo os seres humanos têm uma necessidade intrínseca de entender e relacionar a "dimensão cósmica" da existência. Para lidar com essa aparente disjunção de nossa experiência, Bohm propõe que a *atenção*, ao contrário do pensamento, é potencialmente irrestrita e portanto capaz de apreender a natureza sutil do "ilimitado".

Embora a linguagem dessa investigação seja necessariamente metafórica e baseada em inferências, Bohm insistia em que é essencial investigar continuamente a natureza da consciência e das "bases do ser", se é que pretendemos ter alguma perspectiva de pôr um fim à fragmentação de nossa percepção do mundo. Ele mantinha a firme crença de que a raiz dessa fragmentação é a incoerência dos nossos processos de pensamento, e não leis imutáveis da natureza. Recusava-se a pôr limites em até onde podem levar as pesquisas sobre essa incoerência, ou a traçar distinções nítidas entre as dimensões individual, coletiva e cósmica da humanidade. A esse respeito, o diálogo – que é sempre uma base de testes para os limites do pensamento presumido – oferece a possibilidade de uma ordem inteiramente nova de comunicação e relacionamentos conosco, nossos semelhantes e o mundo que habitamos.

Lee Nichol
Jemez Springs, Novo México
Novembro, 1995

AGRADECIMENTOS

O editor gostaria de agradecer a Paul e Sherry Hannigan por seu bom humor, apoio técnico e pelos comentários feitos ao longo da preparação do manuscrito; a Sarah Bohm, Claudia Krause-Johnson e Mary Snyder pela leitura dos primeiros rascunhos; a Arleta Griffor, por ter trazido à luz o capítulo "Sobre a comunicação"; e a James Brodsky e Phildea Fleming pela concepção do livreto original.

Agradecimentos especiais são devidos a Sarah Bohm, Arthur Braverman, Theresa Bulla-Richards, Adrian Driscoll, David Moody e Lynn Powers, por seu apoio e articulações críticas, no empenho de apresentar o trabalho de David Bohm a um público leitor o mais amplo possível.

1

SOBRE A COMUNICAÇÃO

Durante as últimas décadas, a tecnologia moderna, com o rádio, a televisão, as viagens aéreas e os satélites, teceu uma rede de comunicações que põe cada parte do mundo em contato quase instantâneo com todas as outras. Ainda assim, em que pese esse sistema mundial de ligações, há, neste exato momento, um sentimento generalizado de que a comunicação está se deteriorando em toda parte, numa escala sem precedentes. As pessoas que vivem em diferentes países, com sistemas políticos e econômicos diversos, são muito pouco capazes de falar umas com as outras sem brigar. E, dentro dos limites de uma única nação, as diferentes classes sociais, econômicas e os grupos políticos caíram num padrão semelhante de incapacidade de entendimento mútuo.

Mesmo em grupos limitados, as pessoas se referem a um "fosso de gerações", o qual é de tal ordem que os membros mais velhos e os mais jovens não se comunicam, exceto e talvez de maneira superficial. Além disso, nas escolas e universidades, os alunos tendem a achar que seus professores os estão oprimindo com uma carga de informação que suspeitam ser irrelevante para a vida atual. E o que aparece no rádio e na televisão, bem como nos jornais e revistas, é em geral, e na melhor das hipóteses, um monte de fragmentos triviais e quase desconexos. Na pior das suposições, podem ser uma fonte prejudicial de confusão e desinformação.

Dada a insatisfação disseminada com o estado de coisas acima descrito, tem havido um crescente sentimento de preocupação, cujo objetivo é resolver o que agora comumente se chama de "problema de comunicação". Contudo, quando se observam os esforços para tanto, nota-se que os diferentes grupos que neles se empenham não são capazes de ouvir uns aos outros. O resultado é que a própria tentativa de melhorar a comunicação leva com frequência a ainda mais confusão. E o consequente sentimento de frustração faz com que as pessoas se inclinem cada vez mais para a agressão e a violência, em vez do entendimento mútuo e da confiança.

Quando se considera o fato de que a comunicação está se deteriorando, e que os esforços do contexto atual para evitar que isso aconteça em geral tendem a acelerar o processo, talvez se possa fazer uma pausa nesse modo de pensar, para indagar se a dificuldade não surge de algum modo mais sutil, que escapou de nossa maneira de formular o que vem dando errado. Seria possível que nossa maneira rude e insensível de pensar sobre a comunicação, e falar a respeito dela, seja um fator importante, situado por trás de nossa incapacidade de perceber ações inteligentes que possam pôr fim às atuais dificuldades?

Pode ser útil começar a discutir essa questão pensando no significado da palavra "comunicação". Ela vem do latim *commun*, com o sufixo *ie*, que é semelhante a *fie*, que significa "fazer" ou "pôr em prática". Assim, um dos significados de "comunicar" é "fazer alguma coisa juntos", isto é, levar informações ou conhecimentos de uma pessoa para outra de maneira tão exata quanto possível. Esse significado é adequado numa ampla gama de contextos. Assim, uma pessoa pode passar a outra um conjunto de informações sobre como executar uma determinada operação. É claro que muito de nossa indústria e tecnologia depende dessa espécie de comunicação.

No entanto, esse significado não abrange todas as acepções da palavra. Consideremos, por exemplo, um diálogo. Nele, quando alguém diz alguma coisa o interlocutor em geral não responde com o mesmo significado que a primeira pessoa deu às suas palavras. Os significados são *similares*, mas não idênticos. Desse modo, quando a segunda pessoa responde, a primeira percebe uma *diferença* entre o que ela quis dizer e o que a outra entendeu. Ao considerar essa diferença, ela pode perceber algo novo, alguma coisa importante tanto para seus pontos de vista quanto para os do interlocutor. E assim o processo vai e vem, com a emergência contínua de novos conteúdos que são comuns a ambos os participantes. Desse modo, num diálogo cada pessoa não tenta *tornar comuns* certas ideias ou fragmentos de informação por ela já sabidos. Em vez disso, pode-se dizer que os interlocutores estão fazendo algo *em comum*, isto é, criando juntos alguma coisa nova.

Entretanto, é claro que uma comunicação como essa só pode levar à produção de algo novo se as pessoas forem capazes de ouvir livremente umas às outras.

Ouvir sem preconceitos e sem tentar influenciar-se mutuamente. Cada uma deve estar interessada em primeiro lugar na verdade e na coerência, de modo a que possam deixar de lado suas ideias e intenções antigas e tornarem-se prontas para entrar em algo diferente quando necessário. Se, contudo, duas pessoas querem trocar ideias ou pontos de vista como se fossem simples fragmentos de informação, seu encontro fracassará quase que inevitavelmente. Pois cada uma delas ouvirá a outra por meio do filtro de seus pensamentos, os quais tentará conservar e defender, não importa se verdadeiros ou coerentes. É óbvio que o resultado será apenas o tipo de confusão que leva ao "problema da comunicação", que é insolúvel e já foi apontado e discutido.

É evidente que a comunicação, no sentido acima descrito, é necessária a todos os aspectos da vida. Assim, se as pessoas quiserem cooperar (isto é, literalmente "trabalhar juntas"), precisam ser capazes de criar algo em comum: alguma coisa que surja de suas discussões e ações mútuas, em vez de algo que seja transmitido por uma autoridade a outros que se limitem à condição de instrumentos passivos.

Mesmo em relações com objetos inanimados e com a natureza em geral, existem processos muito semelhantes à comunicação. Consideremos, por exemplo, o trabalho de um artista. Seria possível dizer com propriedade que esse artista *expressa a si mesmo*, isto é, que "põe para fora" o que já está formado dentro dele? Na verdade, tal descrição em geral não é exata ou adequada. O que comumente acontece é que a primeira coisa que o artista faz é apenas semelhante, em certos aspectos, ao que ele possa ter em mente. Como numa conversa entre duas pessoas, ele percebe semelhanças e diferenças, e dessa percepção algo mais emerge de suas ações subsequentes. Algo de novo é continuamente criado, e é comum ao artista e ao material sobre o qual ele trabalha.

O cientista está empenhado num "diálogo" similar com a natureza (bem como com os demais seres humanos). Quando um homem de ciência tem uma ideia, ela é testada pela observação. Quando se descobre (como em geral acontece) que aquilo que é observado é apenas semelhante, e não idêntico, ao que o cientista tinha em mente com base na reflexão sobre semelhanças e diferenças, ele tem novas ideias que por sua vez serão testadas. E assim por diante, o que faz com que surjam continuamente dados novos, que são comuns ao pensamento do cientista e ao que é observado no mundo natural. Esse processo se estende às atividades práticas, as quais levam à criação de novas estruturas, estas por seu turno também comuns ao homem e à globalidade do ambiente em que ele vive.

É claro que, se pretendemos viver em harmonia com nós mesmos e com a natureza, devemos ser capazes de nos comunicar livremente num movimento criativo, no qual ninguém adere em definitivo às suas ideias nem as defende de maneira radical. Por que é tão difícil, na prática, comunicar-se dessa maneira?

Essa questão é sutil e muito complexa. Mas talvez se possa dizer que, quando alguém chega a fazer alguma coisa (e não só pensar ou falar), tende a acreditar que *já está* ouvindo o outro de modo adequado. Parece que a principal dificuldade é que o outro seja o único que é preconceituoso e não ouve. Afinal de contas, é fácil para cada um de nós perceber que os outros são "bloqueados" em relação a determinadas questões. E assim, sem dar-se conta disso, evitam enfrentar contradições a certas ideias que lhes são muito caras.

A própria natureza desse "bloqueio" é, todavia, o fato de que ele é uma espécie de insensibilidade ou "anestesia" das contradições. É crucial estar atento à natureza de nossos próprios "bloqueios". Se um indivíduo estiver alerta e atento, poderá perceber, por exemplo, que sempre que surgem determinadas questões há sensações fugazes de medo que o impedem de refletir sobre elas. E há sensações de prazer, que atraem seus pensamentos e fazem com que eles se dirijam a outros assuntos. Dessa maneira, uma pessoa é capaz de manter-se longe de tudo aquilo que imagina que pode perturbá-la. O resultado é que ela pode, sutilmente, estar a defender suas ideias, enquanto supõe que ouve o que os outros têm a dizer.

Quando nos reunimos para conversar ou para fazer outras coisas juntos, será que cada um de nós está atento ao receio sutil e às sensações de prazer que "bloqueiam" nossa capacidade de ouvir com liberdade? Sem essa atenção, o empenho para ouvir a totalidade do que é dito terá pouco significado. Mas se cada um de nós puder dar atenção ao fato de que está "bloqueando" a comunicação, enquanto ao mesmo tempo parece atento ao conteúdo do que é comunicado, será capaz de criar alguma coisa nova entre nós, algo muito importante para pôr fim aos atuais problemas insolúveis do indivíduo e da sociedade.

2

SOBRE O DIÁLOGO

Em geral, começamos um grupo falando *sobre* o diálogo – conversando sobre ele, discutindo o porquê de o estarmos praticando, o que ele significa e assim por diante. Não acho que seja sensato iniciar um grupo antes que as pessoas tenham de alguma forma discutido tudo isso. Você pode até dar a partida, mas nesse caso terá de confiar em que o grupo continuará, e que todas essas questões surgirão mais tarde. Assim, se você estiver pensando em reunir um grupo, sugiro que antes seja promovida uma discussão ou seminário sobre o diálogo. A seguir, os interessados poderão então entrar na prática. E você não deve se preocupar muito com o fato de o diálogo acontecer ou não – esse, aliás, é um dos bloqueios ao processo. As coisas podem ser mescladas.

Discutamos agora o diálogo. Qual é a sua natureza? Dou à palavra "diálogo" um significado diverso do comumente utilizado. Com frequência, a etimologia das palavras ajuda a conhecer seu significado mais profundo. "Diálogo" vem do grego *dialogos*. *Logos* significa "palavra" ou, em nosso caso, poderíamos dizer "significado da palavra".

E *dia* significa "através" – e não "dois", como parece. O diálogo pode ocorrer com qualquer número de pessoas, não apenas com duas. Mesmo uma só pessoa pode ter o sentimento dialógico dentro de si, se o espírito do diálogo estiver presente. O retrato ou imagem sugerido por essa derivação é o de uma *corrente de significados* que flui entre nós e por nosso intermédio; que nos atravessa, enfim. Esse fato tornará possível o fluxo de significados na totalidade do grupo, e daí podem emergir compreensões novas. Trata-se de algo inédito, que pode não estar presente no ponto de partida. Esse significado compartilhado é a "cola" ou "amálgama" que mantém juntas as pessoas e as sociedades.

Há, assim, um contraste com a palavra "discussão", que tem a mesma raiz de "percussão" e "concussão". Esse termo significa quebrar, fragmentar. Dá ênfase à ideia de análise, na qual podem existir muitos pontos de vista, e cada indivíduo apresenta o seu, que difere dos outros. E assim eles analisam, estilhaçam. Tudo isso obviamente tem seu valor, que no entanto é limitado e não nos levará muito longe, muito além dos nossos pontos de vista. A discussão é quase como um jogo de pingue-pongue, em que as pessoas estão "raquetando" as ideias para lá e para cá e o objetivo do jogo é ganhar ou somar pontos para cada participante. É possível que você aproveite as ideias dos outros para nelas basear as suas – você pode concordar com um e discordar de outros –, mas o ponto fundamental é ganhar o jogo. Esse é, com frequência, o caso das discussões.

Num diálogo, contudo, ninguém tenta vencer. Se alguém ganha, todos ganham. Há um espírito diferente.

Não há tentativas de ganhar pontos ou de fazer prevalecer visões de mundo individuais. Em lugar disso, sempre que algum erro é descoberto por alguém, todo mundo ganha. É uma situação "ganha-ganha", enquanto o outro é um jogo "ganha-perde" – se eu ganhar, você perde. O diálogo é mais uma participação, na qual não jogamos uns contra os outros, mas *com* cada um deles. No diálogo, todos vencem.

É claro que muito do que se chama de "diálogo" não o é, no sentido em que uso a palavra. Por exemplo, na ONU as pessoas têm mantido o que frequentemente se consideram diálogos, mas estes são muito limitados. Parecem-se mais com discussões – ou talvez com *trade-offs*[5] ou negociações – do que diálogos. Os participantes na realidade não se abrem para o questionamento de seus pressupostos fundamentais. Estão *trading-off* pontos de menor importância. Negociando, por exemplo, a quantidade de armas nucleares de cada um. Mas a globalidade da questão de dois sistemas diferentes não é discutida a sério. Toma-se como certo que não se pode falar sobre *isso* – que nada jamais mudará esse estado de coisas. Em consequência, as discussões não são sérias, não são profundas. Grande parte do que chamamos de "discussão" não tem profundidade nem seriedade, pois há toda uma gama de aspectos que são mantidos inegociáveis e intocáveis. Assim as pessoas nem mesmo querem falar sobre eles. Tudo isso faz parte de nossas dificuldades.

---

5. *Trade-off*: fazer opções que implicam abrir mão de uma coisa para obter outras, o que se baseia sempre em análises de custo-benefício. [N. do T.]

Nesse caso, por que precisamos do diálogo? As pessoas têm dificuldade de se comunicar, e isso ocorre mesmo em grupos pequenos. Mas num grupo de trinta, quarenta ou mais, muitos podem descobrir que a comunicação é extremamente difícil, a menos que seja definido um objetivo, ou a menos que alguém esteja na liderança. Por que isso acontece? Em primeiro lugar, todo mundo tem pressupostos e opiniões diferentes. São pressupostos *básicos* – e não meramente superficiais – sobre o significado da vida, o autointeresse, os interesses dos países e religiões de cada um. E o que uma pessoa pensa é realmente importante.

Esses pressupostos são defendidos quando questionados. Com frequência, as pessoas não podem resistir à necessidade de defendê-los, e tendem a fazer isso sob uma carga emocional. Discutiremos esses aspectos mais tarde, mas darei um exemplo agora. Há alguns anos, organizamos um diálogo em Israel. Num dado momento, as pessoas estavam discutindo política e alguém disse, só de passagem: "O sionismo criou uma grande dificuldade para as boas relações entre judeus e árabes. Essa é a principal barreira que há no caminho". Subitamente, outra pessoa não pôde conter-se e deu um salto. Estava carregada de emoção. Sua pressão arterial subira, seus olhos estavam esbugalhados e ela disse: "Sem o sionismo, o país cairia em pedaços!"

Aquele indivíduo tinha um pressuposto básico e seu interlocutor defendia outro. Os dois pressupostos eram conflitantes. E a questão, portanto, era: "O que se pode fazer?" Notem que esses são o tipo de pressupostos que causam todas as dificuldades políticas no mundo inteiro.

E o caso que acabo de descrever é relativamente mais fácil do que alguns outros com os quais temos de lidar na política. O ponto central é que temos todo tipo de pressuposições, não apenas sobre política, economia e religião, mas também a respeito do que achamos que uma determinada pessoa deve fazer, ou o que é a vida e assim por diante.

Poderíamos chamar esses pressupostos de "opiniões", pois uma opinião é uma pressuposição. A palavra "opinião" é usada em vários sentidos. Quando um médico opina, essa é a melhor suposição que pode fazer com base em evidências. Ele pode dizer: "Está bem, não tenho muita certeza, por isso busquemos uma segunda opinião". Nesse caso, se ele for um bom médico não reagirá defendendo o seu pressuposto. Se acontecer que a nova opinião seja diferente da sua, não saltará sob uma carga emocional, como fez a pessoa com a questão do sionismo, e dirá: "Como você pode dizer isso?" Essa opinião médica seria um exemplo de parecer racional. Mas a maioria delas não é dessa natureza: na maior parte dos casos, são defendidas por meio de reações fortes. Em outras palavras, as pessoas se identificam com elas. Estão atreladas a seus investimentos em autointeresse.

A questão central é que o diálogo precisa entrar em todas as pressões que estão por trás dos nossos pressupostos. Penetrar no processo do pensamento que está *atrás* dos pressupostos, não apenas nestes.

DIÁLOGO E PENSAMENTO

É importante perceber que nossas opiniões são o resultado de pensamentos passados: todas as experiências, o que foi dito ou não por outras pessoas. Tudo isso fica programado na memória. Você pode, assim, identificar-se com essas opiniões, reagir e defendê-las. Mas não faz sentido comportar-se assim. Se sua opinião estiver correta, tal reação não será necessária. E se estiver errada, por que deveria ser defendida? Se você se identificar com ela, entretanto, essa defesa ocorrerá. É como se você próprio estivesse sob ataque, quando suas opiniões são questionadas. Opiniões assim tendem a ser experienciadas como "verdades", embora possam consistir apenas em suas teorias e seus fundamentos. Você os obteve de seus professores ou de sua família, pela leitura ou por outros meios. E então, por uma razão ou por outra se identifica com eles e os defende.

O propósito do diálogo é percorrer todo o processo do pensamento e mudar o modo como ele acontece coletivamente. Na realidade, não temos dado muita atenção ao pensamento como um processo. Temos nos *ligado* a pensamentos, mas nossa atenção se dirige somente aos conteúdos, não ao processo. O que requer atenção? Tudo, na verdade. Se pusermos máquinas para funcionar sem dar-lhes atenção, elas quebrarão. Do mesmo modo, nosso pensamento é um processo que requer atenção, do contrário seguirá um curso errado.

Tentarei dar alguns exemplos da dificuldade de pensar. Uma delas é a fragmentação que se origina no pensamento – é o modo de pensar que divide tudo. Cada divisão que fazemos é o resultado de como pensamos. Nos dias atuais, o mundo inteiro é composto de sombras que se aglutinam numa sombra maior. No início do processo, escolhemos certas coisas e as separamos das outras – por conveniência. Com o passar do tempo atribuímos grande importância a essa separação. O resultado foi que fundamos nações separadas e depois começamos a dar-lhes uma suprema importância. Também dividimos as religiões. As religiões separadas são, em sua totalidade, o resultado de como pensamos. No que se refere à família, as divisões também estão na mente. A totalidade do modo como a família foi estabelecida se deve à maneira como pensamos a respeito dela.

A fragmentação é uma das dificuldades do pensamento. Mas há uma raiz mais profunda: o pensamento é muito ativo, mas achamos que ele não está fazendo nada – imaginamos que ele apenas nos mostra como as coisas são. Quase tudo ao nosso redor foi determinado pelo pensamento: prédios, fábricas, fazendas, estradas, escolas, nações, a ciência, a tecnologia, a religião – seja o que for que nos dermos ao trabalho de mencionar. Todo o problema ecológico se deve ao pensamento, porque imaginamos que o mundo existe para que o expliquemos, que ele é infinito e, assim, não importa o que façamos a poluição acabará por se dissipar.

Quando deparamos com o dióxido de carbono, ou seja o que for, dizemos que "é preciso resolver o problema". No entanto, estamos constantemente a produzir essa espécie de problema – não apenas esse, específico, mas a categoria em que ele se enquadra. E isso se dá pela maneira como continuamos a pensar. Se continuarmos a imaginar que o mundo existe só para nossa conveniência, nós o exploraremos de vários outros modos e criaremos outros problemas em outros lugares. Podemos limpar a poluição, mas logo criaremos outro tipo de dificuldade, como o caos econômico, se não o fizermos de maneira correta. Podemos introduzir a engenharia genética. Porém, se a tecnologia comum já é capaz de produzir dificuldades tão grandes, imaginem ao que a engenharia genética pode nos conduzir se continuarmos a pensar da mesma maneira. As pessoas aplicarão a engenharia genética a seja o que for que se ajuste às suas fantasias e ao modo como pensam.

Eis o ponto crucial: o pensamento produz resultados, mas diz que não o faz. E esse é o problema: alguns desses resultados produzidos pelo pensamento são considerados muito importantes e valiosos. O pensamento produziu as nações, e afirma que elas são extremamente valiosas, que têm um valor supremo que ultrapassa tudo o mais. O mesmo pode ser dito sobre a religião. Portanto, a liberdade de pensamento se vê cerceada, pois, se as nações têm um alto valor, é necessário continuar a pensar que elas o têm. Assim, você precisa criar uma pressão para seguir pensando dessa maneira. Precisa ter um impulso e certificar-se de que todos também o tenham: continuar pensando dessa forma sobre a nação, a família, ou seja o que for a que se atribua um alto valor. Esse pensamento tem de ser defendido.[6]

---

6. É o que o economista John Kenneth Galbraith chamou de "sabedoria convencional", que acaba "engessando" a mente coletiva. [N. do T.]

Você não pode defender algo sem primeiro *pensar na defesa*. Existem pensamentos que poderiam questionar aquilo que você quer defender, e você tem de pô-los de lado. Isso pode, logo de saída, implicar o autoengano. Você simplesmente descartará muitas coisas que não aceita com o argumento de que estão erradas, ou distorcendo-as e assim por diante. O pensamento defende seus pressupostos básicos contra as evidências de que pode estar equivocado.

Para lidar com isso, precisamos examinar o pensamento, porque é nele que se origina o problema. Em geral, quando você tem um problema, diz: "Devo pensar sobre isso para chegar a uma solução". Mas o que estou tentando explicar é que *o pensamento é que é o problema*. Portanto, o que faremos? Poderíamos considerar duas espécies de pensamento – o individual e o coletivo. Individualmente, posso pensar em várias coisas, mas na maioria das vezes pensamos juntos. A maioria dos pensamentos vem da base coletiva. A linguagem é coletiva. A maior parte de nossos pressupostos básicos vem da sociedade, o que inclui todas as nossas pressuposições a respeito de como ela funciona, sobre que tipos de pessoas devemos ser e sobre relacionamentos, instituições e assim por diante. Por isso, precisamos dar atenção ao pensamento tanto individualmente quanto no plano coletivo.

Num diálogo, modos diversos de pensar vêm de diferentes pressupostos e opiniões básicos. Em quase qualquer grupo, você provavelmente encontrará muitos pressupostos e opiniões diferentes dos quais não se dá conta num dado momento. É uma questão de cultura. Numa cultura há um vasto número de opiniões, as quais ajudam a construí-la. E há também subculturas, que são um tanto diferentes umas das outras, segundo os grupos étnicos ou situações econômicas, a raça, a religião ou milhares de outras variáveis. As pessoas chegarão e se reunirão, vindas de diferentes culturas ou subculturas, com diferentes pressuposições e opiniões. Podem não ter consciência disso, mas têm uma certa tendência a defender suas ideias pré-formadas e opiniões contra evidências de que elas podem não estar corretas. Ou simplesmente têm uma tendência a defendê-las contra alguém que apresenta outras opiniões.

Se defendermos nossas opiniões dessa maneira, não seremos capazes de dialogar. E muitas vezes fazemos isso *inconscientemente*. Ou seja, em geral, não o fazemos de propósito. Às vezes podemos estar conscientes dessa defesa, mas na maior parte dos casos não estamos. Apenas sentimos que algo é tão verdadeiro que não podemos evitar a tentativa de convencer o outro – que julgamos tão estúpido – do quão errado ele está ao discordar de nós.

Tudo isso parece ser a coisa mais natural do mundo – parece inevitável. Ainda assim, se você pensar bem nessas questões, perceberá que na realidade não podemos organizar uma sociedade se agirmos em tais bases. Essa é a maneira como se supõe que a democracia funcione, mas ela não tem funcionado bem. Se todos tiverem uma opinião diferente, isso implicará apenas um choque de pontos de vista, e a vitória será do mais forte, embora sua opinião possa não ser necessariamente a correta. Dessa maneira, não faremos a coisa certa quando tentarmos nos reunir.

Esse problema surge sempre que as pessoas se reúnem para dialogar, ou quando os legisladores tentam congregar-se, ou quando homens de negócios fazem o mesmo – seja o que for. Se tivermos de trabalhar juntos, é provável que descubramos que cada um de nós tem pressupostos e opiniões diferentes, e desse modo perceberemos como é difícil executar a tarefa. As coisas podem se complicar. Há muita gente às voltas com esse problema nas grandes empresas. Os altos executivos podem ter opiniões diferentes, e por isso não conseguem continuar juntos. Daí resulta que a empresa não trabalha com eficácia, começa a perder dinheiro e desmorona.

Há tentativas de formar grupos nos quais altos executivos empresariais possam conversar. Se os políticos fizessem isso, seria ótimo. Os religiosos seriam os mais difíceis de reunir. Os pressupostos das diferentes religiões estão tão firmemente incrustados, que não conheço nenhum caso de duas religiões, ou mesmo subgrupos religiosos, que voltaram a se juntar depois de separar-se. As igrejas cristãs, por exemplo, falam em se reunir há longo tempo, mas tudo permanece mais ou menos igual. Em certos momentos, parece que chegam a se aproximar um pouco, mas depois nada acontece. Falam sobre unidade, identidade, amor e coisas assim, mas os outros pressupostos são mais poderosos; estão programados dentro de nós. Alguns religiosos tentam congregar-se e são realmente sinceros – são tão sérios quanto possível –, mas ao que tudo indica não conseguem fazer o que pretendem.

Os cientistas estão na mesma situação. Em muitos casos, cada um sustenta uma visão diferente da verdade e por isso não conseguem se reunir. Ou podem ter autointeresses diferentes. Um cientista que trabalha para uma empresa que gera poluição pode ter interesse pessoal em provar que a poluição não é perigosa. Outros poderiam estar interessados em provar que ela é perigosa. E talvez haja, em algum lugar, um cientista não tendencioso que tente avaliar tudo isso.

Supõe-se que a ciência esteja dedicada à verdade e aos fatos, e imagina-se que a religião se volte para outra espécie de verdade e para o amor. Não estou tentando julgar ninguém, mas o fato é que os pressupostos e opiniões são como programas de computador nas mentes das pessoas. Tais programas sobrepujam as melhores intenções – produzem *suas próprias* intenções.

Poderíamos dizer, então, que um grupo de cerca de vinte a quarenta pessoas é quase um microcosmo da totalidade da sociedade e, como nos grupos que acabamos de examinar, essas pessoas têm muitas e diferentes opiniões e ideias pré-formadas. É possível dialogar com uma pessoa, duas, três, quatro, ou você pode dialogar sozinho e pesar todas as opiniões sem decidir sobre elas. Mas um grupo pequeno demais não funciona muito bem. Se seis indivíduos se reúnem, eles em geral se ajustam mutuamente de modo a não dizer coisas que contrariem uns aos outros – chegam a um "ajuste confortável". As pessoas podem facilmente ser muito polidas entre si e evitar as questões potencialmente problemáticas. Se há um confronto entre dois ou mais membros de um grupo pequeno como esse, parece muito difícil contê-lo; o grupo entra num beco sem saída. Num grupo maior, podemos começar de maneira polida, embora depois de algum tempo os membros raramente consigam continuar evitando todas as questões potencialmente incômodas. A polidez logo desaparece. Num grupo de menos de vinte participantes, ou algo assim, ela pode não desaparecer, porque as pessoas acabam se conhecendo e percebem as arestas que devem ser evitadas. Tudo isso pode ser levado em conta num grupo menor; não é uma tarefa impossível. Mas não num grupo de quarenta ou cinquenta componentes.

Quando você eleva o número para cerca de vinte, algo diferente começa a acontecer. Quarenta é o maior número de participantes que se pode pôr convenientemente em círculo – ou podem ser dispostos dois círculos concêntricos. Num grupo desse tamanho, começa a surgir o que se poderia chamar de "microcultura". Você reúne pessoas vindas de diversas subculturas, e dessa maneira elas constituem uma espécie de microcosmo da cultura global. Então a questão cultural – o significado coletivamente compartilhado – começa a aparecer.

Isso é crucial, porque os significados coletivamente compartilhados são muito poderosos. O pensamento coletivo é mais poderoso do que o individual. Como dissemos, o pensamento individual é em grande parte o resultado do coletivo e da interação com outras pessoas. A linguagem é inteiramente coletiva e, por meio dela, a maioria dos pensamentos também o são. Todos contribuem para esses pensamentos, mas muito poucos os modificam de modo significativo.

O poder do grupo cresce mais rapidamente do que o número de pessoas que o integram. Em outro lugar, eu disse que ele pode ser comparado a um *laser*. A luz comum é chamada de "incoerente", o que significa que ela segue em várias direções e as ondas luminosas não estão em fase umas com as outras, de maneira que não se consolidam. Mas um *laser* produz um feixe muito intenso e coerente. As ondas luminosas do *laser* se consolidam em termos de força, porque seguem todas na mesma direção. Esse feixe pode fazer coisas que a luz comum não pode.

Podemos dizer que o pensamento usual de nossa sociedade é incoerente – ele se espalha em todas as direções e há ideias conflitantes e que se anulam umas às outras. Mas se as pessoas pensassem juntas de maneira coerente, o pensamento teria um imenso poder. Fica a sugestão. Numa situação dialógica – num grupo que se mantiver em diálogo por um tempo suficiente para que as pessoas se conheçam –, poderíamos ter um movimento coerente de pensamento e comunicação. Ele seria coerente não apenas no plano que podemos reconhecer, mas também no *plano tácito*, num nível do qual temos somente uma vaga sensação. E isso seria muito importante.

"Tácito" significa aquilo que não é dito, que não pode ser descrito – como o conhecimento necessário para andar de bicicleta. É o conhecimento *real*, e pode ser ou não coerente. Sustento que o pensamento é, na verdade, um processo sutil e tácito. O processo concreto de pensar é muito tácito. O significado é basicamente tácito, e o que podemos dizer de modo explícito é só uma parte muito pequena dele. Acredito que todos nos damos conta de que fazemos quase tudo movidos por essa espécie de conhecimento tácito. O pensamento emerge das bases tácitas, e qualquer mudança fundamental que ele possa sofrer virá dessas bases. Assim, se nos comunicarmos no plano tácito é possível que o pensamento mude.

O processo tácito é comum e compartilhado. O compartilhamento não consiste meramente na comunicação explícita e na linguagem corporal. Tudo isso faz parte dele, mas existe também um processo tácito mais profundo, que é comum a todas as pessoas. Acredito que toda a espécie humana saiba disso há milhões de anos. Perdemos esse saber em cinco mil anos de civilização, porque nossas sociedades se tornaram grandes demais para pô-lo em prática. Mas agora começamos de novo, porque se tornou urgente que nos comuniquemos. Temos de compartilhar nossa consciência e nos capacitarmos para pensar juntos, para fazer o que for necessário de uma forma inteligente. Se enfrentarmos o que ocorre num grupo de diálogo, compreenderemos o núcleo do que acontece no todo da sociedade. Sozinho, você perde muito de tudo isso; mesmo em duplas, não se consegue realmente chegar ao ponto central.

O ENVOLVIMENTO NO DIÁLOGO

Uma noção básica para o diálogo é a necessidade de as pessoas se sentarem em círculo. Esse arranjo geométrico não privilegia ninguém e permite a comunicação direta. Em princípio, o diálogo deve funcionar sem nenhum líder ou agenda. É claro que estamos acostumados a líderes e agendas, de modo que, se tivermos de começar uma reunião sem líder – e começar a falar sem agenda ou objetivo –, haverá muita ansiedade, porque não saberemos o que fazer. Assim, uma das coisas a fazer seria lidar com essa ansiedade, enfrentá-la. Mas a experiência mostra que, se as pessoas fizerem isso durante uma hora ou duas, irão adiante e começarão a falar mais livremente.

Pode ser útil ter um facilitador para manter o grupo em processo, observá-lo durante algum tempo, vê-lo explicar a intervalos o que está acontecendo e coisas do gênero. Sua função é retirar-se o mais cedo possível dessa tarefa, mas isso pode levar tempo. As pessoas precisam se encontrar com regularidade e sustentar o diálogo. Para tanto, poderiam encontrar-se semanalmente, ou de quinze em quinze dias, e manter-se assim por um longo tempo – um ano, dois anos ou mais. Nesse período, tudo aquilo que já mencionamos pode surgir, mas os participantes podem começar a depender cada vez menos do facilitador – ou pelo menos da ideia que há por trás dele.

Entretanto, o todo da sociedade foi organizado para nos fazer acreditar que não podemos funcionar sem líderes. Mas talvez possamos. Fica a sugestão. É claro que se trata de um experimento. Não podemos garantir o que irá acontecer. No entanto, é isso que ocorre em qualquer empreendimento de risco – você considera todas as evidências, examina qual é a melhor ideia, o que dizer sobre ela, quais são suas teorias a respeito, e depois segue em frente e experimenta.

No começo de um diálogo, não esperamos que problemas ou questões pessoais entrem em pauta. Se as pessoas continuarem a dialogar, semana após semana, mês após mês, pode ser que isso aconteça. Tudo pode entrar em pauta, mas os participantes devem conhecer-se mutuamente, confiar uns nos outros e estabelecer uma relação de compartilhamento. Seria demais esperar começar assim. De qualquer maneira, um problema pessoal pode não ser de todo importante; ainda assim, se alguém tiver um, o grupo pode acolhê-lo. Não há razão para que isso não seja feito, mas acho que não devemos começar com esse tipo de assunto, pelo menos não com frequência. *A principal finalidade do grupo não é lidar com problemas pessoais, e sim com questões culturais.* Porém, os temas pessoais podem surgir no grupo, porque as questões pessoais e a cultura estão interligadas.

É importante entender que um grupo de diálogo não é um grupo de terapia. Não tentamos curar ninguém aqui, embora isso possa ocorrer como um subproduto. Mas não é nosso propósito. O Dr. Patrick de Mare, um amigo meu que pesquisou esse assunto, chama-o de "socioterapia"; não se trata, pois, de terapia individual. O grupo é um microcosmo da sociedade e, portanto, se ele, ou algum de seus componentes, se "curar", teremos o começo de uma cura mais ampla. Você pode considerar isso como lhe convier. É algo limitado, mas mesmo assim é uma forma de pensar no assunto.

Por outro lado, um grupo de diálogo não é o que se denominou de "grupo de encontro", que se propõe a ser um tipo específico de terapia, e no qual podem emergir as emoções das pessoas. Não buscamos essa situação de modo intencional, mas também não afirmamos que as emoções jamais emergirão num grupo de diálogo, porque em certos casos, quando as pessoas se confrontam emocionalmente, seus pressupostos vêm à tona. No diálogo, os participantes devem falar diretamente uns com os outros, um a um, ao longo do círculo. Se acabarmos por nos conhecer e confiar uns nos outros ao menos um pouco, chegará o momento em que será possível falar diretamente ao grupo inteiro ou a algum de seus participantes.

Há tempos, um antropólogo viveu longamente numa tribo de índios norte-americanos. Era um grupo pequeno. Os caçadores-coletores vivem tipicamente em grupos de vinte a quarenta indivíduos. As unidades grupais agricultoras são muito maiores. Periodicamente, essa tribo se reunia em círculo. Apenas falavam e falavam, aparentemente sem nenhum objetivo. Não tomavam decisões. Não havia líder e todos participavam. Podem ter havido homens e mulheres sábios, aos quais se ouvia por um pouco mais de tempo – os mais velhos –, mas todos podiam se expressar. A reunião prosseguia, até que finalmente terminava sem nenhuma razão aparente e o grupo se dispersava. Ainda assim, todos pareciam saber o que fazer porque se entendiam muito bem. Com base nesse entendimento, podiam reunir-se em grupos menores e tomar decisões específicas.

Num grupo de diálogo, não decidimos o que fazer a respeito de nada. Isso é crucial. De outra maneira, não seríamos livres. Devemos ter um espaço vazio, no qual não somos obrigados a fazer nada nem chegar a quaisquer conclusões, nem a dizer seja o que for, ou mesmo a não falar. É um espaço aberto, livre, vazio. A palavra "lazer" significa uma espécie de espaço vazio. "Ocupado" é o oposto do lazer: o espaço está preenchido. Assim, num grupo de diálogo há uma espécie de espaço vago no qual qualquer coisa pode entrar. Ao terminar, nós apenas o esvaziamos de novo. Não tentamos acumular nada. Esse é um dos principais pontos a respeito do diálogo. Como Krishnamurti costumava dizer, "o copo tem de estar vazio para conter algo".

Percebemos que não é uma imposição arbitrária dizer que não temos objetivo fixo – nenhum propósito absoluto, de qualquer forma. Podemos estabelecer propósitos de investigação, mas não estamos atrelados a um objetivo específico nem estabelecemos que o grupo inteiro deva ajustar-se indefinidamente a ele. Todos devemos desejar a sobrevivência da humanidade, mas nem mesmo esse é o nosso objetivo. Nossa meta é, na realidade, comunicar-nos coerente e verdadeiramente; se você quiser, pode chamar isso de objetivo.

Poderíamos dizer que em geral nossa cultura forma grandes grupos por duas razões. Uma é a busca de divertimento e prazer. A outra é fazer um trabalho útil. Num diálogo, porém, proponho que não tenhamos nenhuma agenda e não tentemos realizar nada de útil. Tão logo busquemos realizar um objetivo ou meta útil, haverá um pressuposto por trás disso e ele nos limitará. Pessoas diferentes verão utilidade em coisas diferentes, e isso causará problemas. Podemos dizer: "Queremos salvar o mundo"; ou: "Queremos dirigir uma escola", ou: "Queremos ganhar dinheiro". Ou seja o que for. Esse é um dos problemas nos grupos de diálogo realizados em empresas. Será que os homens de negócios alguma vez desistirão da ideia de que estão lá principalmente para obter lucros? Se puderem fazer isso, haverá uma transformação real na humanidade. Acho que muitos executivos de certas empresas se sentem infelizes e querem fazer algo – não meramente salvar a companhia. Como nós, eles se sentem infelizes em relação à totalidade do mundo inteiro. Nem todos são cavadores de dinheiro ou voltados exclusivamente para o lucro.

Quando um grupo de diálogo é novo, em geral os participantes conversam em torno de algum ponto durante certo tempo. Em muitas das relações humanas de hoje, as pessoas encontram formas de não enfrentar nada de modo direto. Conversam sobre objetos e evitam as dificuldades. Tal prática provavelmente continuará num grupo de diálogo. Porém, se você mantiver as reuniões essa tendência começa a desaparecer. Certa noite, num diálogo, um indivíduo disse: "Muito bem, todos estamos falando sobre filosofia. Posso ler este belo texto filosófico que eu trouxe?" Outro respondeu: "Não". E o texto não foi lido. Parece um pouco chocante, mas funcionou.

Tudo isso tem de ser trabalhado. As pessoas chegarão a um grupo com pressupostos e interesses diferentes. No começo elas podem negociar, o que aliás é um estágio preliminar do diálogo. Em outras palavras, terão de negociar de alguma forma. Mas esse não é o fim do diálogo, é o começo. A negociação implica encontrar uma forma comum de prosseguir. Se você apenas negociar não irá muito longe – embora algumas questões tenham de ser negociadas.

Muito daquilo que hoje tipicamente se considera diálogo tende a voltar o foco para a negociação. Mas, como dissemos, esse é um estágio preliminar. As pessoas em geral não estão preparadas para entrar em questões mais profundas quando, no início, mantêm o que consideram um diálogo. Elas negociam, e isso é o mais longe que conseguem ir. Negociar é fazer *trade-off*, ajustar-se mutuamente e dizer: "Está bem, percebo o seu ponto de vista. Vejo que ele é importante para você. Vamos encontrar um modo que possa satisfazer a nós dois. Cederei um pouco nisso, você cederá um pouco naquilo e então realizaremos algo". Essa não é, na verdade, uma relação próxima, mas começa a tornar possível seguir em frente. Sugiro que as pessoas comecem grupos de diálogo em vários locais. O ponto central não é identificar-se com o grupo. O que importa é a totalidade do processo. Você pode até dizer, "esse é um grupo maravilhoso" mas na realidade é o processo que conta. Acredito que, quando formos capazes de manter um diálogo assim, descobriremos mudanças nas pessoas que dele participam. Elas poderão se comportar de maneira diferente, mesmo quando fora do diálogo. Por fim, elas o disseminarão. É como a analogia bíblica das sementes – algumas são jogadas em solo pedregoso e outras cairão no lugar certo e produzirão ótimos frutos. Você não pode adivinhar onde ou como o processo pode começar. As ideias e a comunicação que aqui desenvolvemos, e o tipo de pensamento que aqui produzimos, constituem a semente que pode ajudar para que isso ocorra. Mas não devemos ficar surpresos se muitos desses grupos não forem adiante. Isso não significa que a fertilização é impossível.

O ponto básico é não estabelecer um grupo de diálogo fixo, que seja para sempre, mas um que dure o bastante para produzir mudanças. Se você "segurar" um grupo por um tempo longo demais, ele poderá criar hábitos. Mas você deve conservá-lo por algum tempo, do contrário ele não amadurecerá. Pode ser útil deixar que o diálogo continue por um ano ou dois, como foi dito, e é importante que ele tenha regularidade. Se você o sustentar, todos esses problemas surgirão; não se pode evitar trazer à tona os pressupostos profundos dos participantes. Emergirão a frustração, a sensação de caos, a sensação de que não vale a pena. A carga emocional aparecerá. Aquele indivíduo com pressupostos sobre o sionismo provavelmente queria ser gentil. Subitamente, porém, alguém disse algo que o ofendeu e ele não pôde se controlar. Assim, se persistirmos, as pressuposições mais profundas subirão à superfície. Mas, se entendermos que apesar disso devemos seguir em frente, então algo novo surgirá.

O diálogo não é sempre um entretenimento, nem sua utilidade é sempre visível. Por isso, você pode tender a descartá-lo tão logo ele se torne difícil. Sugiro, contudo, que é muito importante continuar – mantê-lo durante as frustrações. Quando achar que algo é importante, faça-o. Por exemplo, ninguém escalará o monte Everest a menos que por alguma razão ache que isso tem importância, pois trata-se de um empreendimento que também pode ser muito frustrante e nem sempre divertido. O mesmo é verdadeiro em relação a ganhar dinheiro, ou seja o que for. Se sentir que uma coisa é necessária, você deve fazê-la.

Afirmo que é preciso compartilhar significados. Uma sociedade é uma rede de relacionamentos entre pessoas e instituições que possibilita que vivamos juntos. Mas ela só funcionará se formarmos uma cultura – o que implica compartilhar significados, isto é, razões de ser, propósitos e valores. Do contrário a sociedade se desfaz. Nossa sociedade é incoerente e não vai muito bem; não tem ido bem há muito tempo, se é que em alguma época isso aconteceu. Os pressupostos diferentes das pessoas afetam *tacitamente* todo o significado do que fazemos.

A SUSPENSÃO DE PRESSUPOSTOS

Dissemos que as pessoas trarão seus pressupostos para qualquer grupo. Enquanto o grupo continuar a se reunir, eles virão à superfície. É necessário, portanto, suspender essas ideias prévias, de tal modo que nem as ponhamos em prática nem as suprimamos. Não acreditamos nem deixamos de acreditar em nossos pressupostos: quando estamos irritados, começamos a reagir de modo extrovertido e podemos dizer algo desagradável. Mas suponha que consigamos suspender essa reação. Não só agora evitaremos insultar os outros explicitamente, mas também suspenderemos os insultos que construímos dentro de nós.

Porém, mesmo que não ofenda alguém de modo direto, eu posso insultá-lo por "dentro". Então, suspendo isso também. Contenho-me e reflito. Você pode imaginar tudo isso suspenso, pendurado diante de seus olhos de modo que possa observá-lo – como o reflexo que vê quando está diante de um espelho. Dessa maneira, posso perceber coisas que não perceberia se tivesse posto em prática a irritação ou se houvesse tentado suprimi-la, dizendo "não estou com raiva" ou "eu não deveria estar com raiva".

Assim, a totalidade do grupo agora se torna um espelho para cada um de seus membros. O efeito que você exerce sobre as outras pessoas é o de um espelho, e é o mesmo que elas têm sobre você. Perceber todo esse processo é muito útil para trazer à superfície o que acontece, pois, como você sabe, estamos todos no mesmo barco.

É necessário, portanto, que você se dê conta das conexões que existem entre os pensamentos que acontecem no diálogo, as sensações corporais e as emoções. Se observar bem, verá, com base na linguagem corporal e também na verbal, que todos estão no mesmo barco – só que em lados opostos. O grupo pode até mesmo se polarizar, de modo que acabará se transformando em duas facções poderosas e antagônicas. Mas uma das coisas que queremos é que isso *aconteça*. Não tentamos evitar essa situação.

Portanto, agora você percebe o que significam pressupostos e reações, mas as outras pessoas fazem o mesmo. Não estamos tentando mudar a opinião de ninguém. Quando a reunião terminar, alguém pode ou não mudar de ponto de vista. Isso é parte do que considero diálogo – as pessoas se dão conta do que está nas mentes umas das outras, sem chegar a quaisquer conclusões ou julgamentos. Os pressupostos emergirão. Se você ouvir alguém cujos pressupostos lhe parecem ofensivos, sua resposta natural poderia ser ficar irritado, ou excitado ou algo assim. Mas veja-se suspendendo esses sentimentos. Você pode nem mesmo ter percebido que tinha um determinado pressuposto. Foi só porque seu interlocutor surgiu com o pressuposto contrário que você descobriu que o tinha. Pode descobrir outras pressuposições e todos as suspenderão, as observarão e verão o que elas significam.

Você precisa observar suas reações de hostilidade, ou seja o que for, e perceber, pela maneira como as pessoas se comportam, quais são as suas reações. Possivelmente verá que com a raiva as coisas podem ir tão longe que a reunião se tumultua. Se a "temperatura" do grupo subir muito, os participantes que não tiveram suas opiniões questionadas devem entrar em ação e "esfriar" um pouco a situação para que ela possa ser observada. As coisas não devem ir tão longe que as pessoas as percam de vista. O ponto crucial é manter a reunião num nível em que as opiniões surjam, mas as pessoas possam apreciá-las, examiná-las. Você perceberá que a hostilidade do outro provoca a sua. Tudo isso faz parte da observação, da suspensão. Você se familiariza com o modo como o pensamento funciona.

O IMPULSO DA NECESSIDADE

Discutimos o diálogo, o pensamento e a importância de dar atenção à totalidade do processo – não somente ao conteúdo das diferentes opiniões e pontos de vista –, e como manter tudo junto. Também observamos o processo de como isso atinge nossos sentimentos e estados corporais e como outras pessoas podem ser influenciadas. Isso é na verdade algo da maior importância: ouvir, assistir, observar, dar atenção ao processo real do pensamento e à ordem em que ele acontece. E também vigiar suas incoerências, os pontos em que ele não funciona apropriadamente e assim por diante. *Não tentamos mudar nada, mas apenas estar atentos a tudo. Você pode perceber a semelhança entre as dificuldades de um grupo e os conflitos e pensamentos incoerentes de um indivíduo.*

Acredito que ao fazermos isso descobriremos que certos tipos de pensamento desempenham um papel mais destacado do que outros. A ideia de *necessidade* é da maior importância. O que é necessário não pode ser de outro modo; só pode ocorrer dessa forma. É interessante observar que a palavra *necessidade* tem uma raiz latina, *necesse*, que quer dizer "não ceda". Significa, na realidade, "o que não pode ser deixado de lado". Em geral, ao longo da vida os problemas aparecem e podem ser afastados; ou então não podem, mas mesmo assim *nós* os ignoramos – essa é a nossa maneira de resolver as coisas. Mas, como foi dito, surgem necessidades ineludíveis com as quais não podemos agir assim. Então sentimo-nos frustrados. Cada necessidade é absoluta, e há um conflito de necessidades absolutas. De modo típico, é possível ocorrer que nossas opiniões e as dos outros não possam ser postas à margem, e sentimos que as opiniões deles atuam dentro de nós, opõem-se a nós. Dessa maneira, cada pessoa vive num estado de conflito.

As necessidades criam impulsos poderosos. Quando você sente que algo é necessário, isso produz um impulso: fazer ou não fazer seja o que for pode ser algo muito forte, e você se sente compelido, empurrado. A necessidade é uma das forças mais poderosas que existem – acaba se sobrepondo aos instintos. Se as pessoas sentirem que algo é necessário elas se colocarão contra tudo, até mesmo contra o instinto de autopreservação. No diálogo, tanto do ponto de vista individual quanto do coletivo – e isso é importante –, os conflitos emergem em torno dessa noção de necessidade. Todas as discussões sérias, seja na família ou nos grupos de diálogo, se dão sobre pontos de vista diferentes a respeito do que é absolutamente *necessário*. A menos que elas assumam esse formato, você sempre pode negociar e decidir qual a maior prioridade e ajustar as coisas. Mas se duas coisas são absolutamente necessárias, não é possível usar o modo habitual de negociação.

Esse é o ponto fraco das negociações. Quando duas nações se confrontam e uma declara "sou soberana e o que eu disser tem de acontecer: é absolutamente necessário", não há solução, a menos que elas possam mudar as circunstâncias.

A questão é o que fazer quando houver um choque de duas necessidades absolutas. A primeira coisa que acontece é que captamos essa carga emocional e, assim, podemos ser tomados por sentimentos poderosos de raiva, ódio e frustração, como descrevi aqui. Enquanto essa necessidade absoluta permanecer nada pode modificá-la, porque de certa forma cada pessoa diz ter razões válidas para apegar-se ao que concluiu, e razões justificáveis para odiar outros indivíduos por obstruírem o caminho que leva ao que é absolutamente necessário: "Obstinada e estupidamente, ele se recusa a perceber". E assim por diante. Pode-se dizer: "É lamentável que tenhamos de matar todas essas pessoas, mas isso é absolutamente necessário aos interesses do país, da religião" ou de seja do que for. Portanto, percebam o poder que tem essa ideia.

No diálogo, esperamos que venham à tona as noções de necessidade absoluta e que elas colidam entre si. As pessoas as evitam: sabem que surgirão problemas e os contornarão. Porém, se continuarmos com o diálogo elas emergirão. A questão é saber o que acontecerá em seguida.

Já dissemos que, se as pessoas não deixarem o assunto morrer, pode acontecer algo que muda totalmente suas atitudes. Num determinado momento, podemos ter o *insight* de que cada um está fazendo a mesma coisa – apegando-se à necessidade absoluta de suas ideias –, e de que nada ocorrerá se continuarmos assim. Se tal acontecer, surge a questão: "Isso é absolutamente necessário? Tantas coisas estão sendo destruídas só porque nos agarramos a essa noção de necessidade absoluta". E agora, que é possível questionar: "Será que isso é absolutamente necessário?", algum aspecto da situação pode se atenuar. E as pessoas concluirão: "Bom, talvez isso não seja *absolutamente* necessário". A partir desse instante, tudo fica mais fácil, e é possível deixar que o conflito continue, o que permite que examinemos criativamente novas noções do que é necessário. Então o diálogo entrará numa área original. Acho que isso é decisivo.

O que dizer dessas noções de necessidade que temos de estabelecer ou descobrir? Se um artista expusesse seus quadros em locais arbitrários, você diria que isso não quer dizer nada; se ele seguisse a ordem de necessidade estabelecida por outros, seria um medíocre. Ele deve produzir sua própria ordem de necessidade. As diferentes partes da forma por ele criada têm uma necessidade interna; do contrário, seu trabalho não será de muito valor. A necessidade artística é criativa. O artista exerce sua liberdade em sua ação criadora. Portanto, a liberdade possibilita *uma percepção criadora de novas ordens de necessidade*. Se você não puder fazer isso, não será realmente livre. Você pode dizer que faz seja o que for que goste e que esse é o seu impulso, mas creio que já vimos que esses impulsos podem vir de seus pensamentos. Por exemplo, a ideia do que é necessário produzirá um impulso e as pessoas envolvidas em conflitos internacionais dirão: "Nosso ímpeto é ir à guerra e livrar-nos dessa gente que está em nosso caminho", como se isso fosse liberdade. Mas não é. Esses indivíduos estão sendo dirigidos por esse pensamento. Assim, fazer o que se gosta raramente é liberdade, porque o que gostamos é determinado pelo que pensamos, e isso é com frequência um padrão fixo. Portanto, temos uma necessidade criativa – a qual descobrimos ou podemos descobrir de modo individual ou coletivo – de saber como operar grupalmente de uma nova maneira. Qualquer grupo que tenha problemas precisa resolvê-los criativamente se forem problemas sérios. Não podemos continuar fazendo *trade-offs* e negociando à maneira convencional.

Acho que esse é um dos pontos-chave – compreender quando chegamos a um pressuposto de necessidade absoluta, o que faz com que todos se agarrem a ele.

A PROPRIOCEPÇÃO DO PENSAMENTO

Você pode perceber todo o alcance do diálogo se atentar para o fato de que o pensamento pode parecer elementar ou simples no início. Na realidade, essa crença está na raiz dos nossos problemas, mas também pode nos abrir caminhos criativos e transformadores.

Voltamos à compreensão de que aquilo que está errado com o pensamento é, como já foi dito, que ele faz as coisas e depois diz ou deixa implícito que não as fez; diz ou insinua que tais coisas podem ocorrer independentemente, e que por isso elas são "problemas". O que temos a fazer é parar de pensar dessa forma e, assim, parar de criar problemas. Os "problemas" permanecerão insolúveis enquanto continuarmos a produzi-los por meio de nossos pensamentos. De alguma forma, o pensamento tem de perceber suas consequências. No momento, ele não está suficientemente atento a elas. Esse aspecto se relaciona com algo semelhante em neurofisiologia: a *propriocepção*, termo que significa "autopercepção". O corpo pode perceber seu próprio movimento. Quando movimentamos o corpo, percebemos a relação que existe entre intenção e ação. O impulso de movimentar e o movimento são percebidos como interligados. Se isso não acontecesse, o corpo não seria viável.

É conhecido o caso de uma mulher que aparentemente teve um derrame cerebral no meio da noite. Ela acordou e percebeu que batia em si própria. As pessoas entraram, acenderam a luz e foi isso que viram. O que aconteceu foi que seus nervos motores funcionavam, mas os nervos sensitivos já não estavam atuando. Em consequência, ela tocava em si mesma mas não se dava conta disso e, portanto, presumia que alguém a tocava e interpretava a situação como um ataque. Quanto mais ela se defendia, pior o ataque se tornava. A propriocepção tinha desaparecido. Ela já não percebia a relação entre a intenção de mover-se e o resultado. Quando a luz foi acesa, a propriocepção se restabeleceu de outra forma, por meio da visão.

Eis a questão: o pensamento pode ser proprioceptivo? Você tem a intenção de pensar, da qual em geral não se dá conta. Você pensa porque tem a intenção de pensar. Ela vem da ideia de que é necessário pensar, de que há um problema. Se você observar bem, verá que há uma intenção, um impulso de pensar. A seguir vem o pensamento, o qual pode dar origem a um sentimento, que por sua vez pode produzir outra intenção de pensar e assim por diante. Você não tem consciência disso, e assim o pensamento surge como se estivesse chegando por si mesmo, e o sentimento parece vir por si próprio e assim por diante. Essa situação produz significados errados, como no caso da mulher de quem acabamos de falar. Você pode ter um sentimento do qual não gosta com base em um pensamento; depois vem um segundo, que diz, "preciso me livrar desse sentimento". Mas seu pensamento ainda está lá, funcionando, em especial se for um que você considera absolutamente necessário.

Os problemas que até agora discutimos são praticamente todos devidos a essa falta de propriocepção. *O ponto fundamental da suspensão é tornar a propriocepção possível, criar um espelho, de modo que você possa ver os resultados do seu pensamento.* Você o tem dentro de si, porque seu corpo age como um espelho e você pode perceber as tensões que nele se originam. As outras pessoas também são um espelho; o grupo é um espelho. Você precisa perceber suas intenções. Você tem um impulso de dizer algo e percebe, quase ao mesmo tempo, o resultado desse ímpeto.

Se todos ficarem atentos, surgirá um novo tipo de pensamento entre as pessoas ou mesmo nos indivíduos. Ele é proprioceptivo e não se enreda no emaranhado em que o pensamento comumente se perde, ao qual falta propriocepção. Pode-se dizer que virtualmente todos os problemas da humanidade são devidos ao fato de que o pensamento não é proprioceptivo. O pensamento cria constantemente problemas dessa maneira e então tenta resolvê-los. Ao tentar resolvê-los ele os torna piores, pois não percebe que os produz. E assim, quanto mais se pensa mais problemas são criados, porque o pensamento não é proprioceptivo – não percebe o que ele mesmo faz. Se seu corpo fosse assim, você se arruinaria com grande rapidez e não duraria muito. Pode-se também dizer que se nossa cultura fosse assim nossa civilização também não duraria muito. Portanto, essa é mais uma forma pela qual o diálogo pode ajudar, coletivamente, a trazer à luz uma espécie diferente de consciência.

A PARTICIPAÇÃO COLETIVA

Tudo isso faz parte do pensamento coletivo – pessoas pensando juntas. Em algum momento, acabaremos por compartilhar nossas opiniões sem hostilidade, e então seremos capazes de *pensar juntos*. Por outro lado, se apenas defendermos opiniões, não o seremos. Um exemplo de indivíduos a pensar juntos seria o de alguém que tivesse uma ideia, outra pessoa a adotasse, mais outra lhe acrescentasse algo. O pensamento fluiria e sairíamos da situação habitual, em que as pessoas tentam persuadir ou convencer umas às outras. Acredito que, se elas percebessem a importância do diálogo, trabalhariam com ele. E quando começassem a se conhecer mutuamente, principiariam a compartilhar a confiança. Isso pode levar tempo. No início, você apenas entra no grupo e leva consigo todos os problemas da cultura e da sociedade. Assim, qualquer grupo é um microcosmo do social: há todos os tipos de opinião, os indivíduos não confiam uns nos outros. As pessoas conversam de um modo trivial e, a seguir, menos trivialmente. No começo elas falam sobre questões superficiais porque têm medo de ir além disso. Depois, gradualmente, ocorre a confiança mútua.

O objetivo do diálogo não é analisar as coisas, ganhar discussões ou trocar opiniões. Seu propósito é suspender as opiniões e observá-las – ouvir os pontos de vista de todos, suspendê-los e a seguir perceber o que tudo isso significa. Se pudermos perceber o que significam todas as nossas opiniões, *compartilharemos um conteúdo comum*, mesmo se não concordarmos completamente. Pode resultar que os conteúdos não sejam muito importantes – pode se tratar apenas de pressupostos. Mas se pudermos examinar todos eles, seremos capazes de nos mover de maneira criativa em direções diferentes. Poderemos simplesmente compartilhar a apreciação dos resultados: e dessa totalidade a verdade emerge sem se anunciar, sem que a tenhamos escolhido.

Se cada um de nós fizer a suspensão de pressupostos, faremos todos a mesma coisa. Olharemos juntos. O conteúdo de nossa consciência será essencialmente o mesmo. Nessa ordem de ideias, será possível estabelecer entre nós um tipo diferente de consciência, uma *consciência participativa* – o que na verdade a consciência sempre é. Estabeleceremos uma espécie de consciência que seja reconhecida como participativa e possa continuar a sê-lo livremente. Tudo pode se mover entre nós. Cada pessoa participa, compartilha a totalidade dos significados do grupo e, ao mesmo tempo, faz parte dele. Isso é um diálogo verdadeiro.

Algo mais importante pode acontecer se fizermos isso; se pudermos administrá-lo. Todos compartilharão a totalidade dos pressupostos no grupo. Se todos perceberem juntos o significado de todas as pressuposições, o conteúdo da consciência será essencialmente o mesmo.

Por outro lado, se tivermos pressupostos diferentes e os defendermos, cada um terá um conteúdo diferente, porque não tomaremos parte nas pressuposições das outras pessoas. Estaremos a combatê-las ou a afastá-las – tentaremos convencer ou persuadir os outros.

No diálogo, não buscamos o convencimento e a persuasão. A palavra "convencer" quer dizer "ganhar", e a expressão "persuadir" é semelhante. Baseia-se na mesma raiz de "suave" e "doce". As pessoas algumas vezes tentam persuadir com palavras doces e convencer com termos fortes. Ambos chegam ao mesmo resultado, embora sem importância. Não há sentido em ser persuadido ou convencido; isso não é coerente ou racional. Se alguma coisa é correta, você não precisa ser persuadido. Se alguém precisar persuadi-lo, é porque provavelmente há dúvidas a respeito do assunto.

Se todos compartilharmos um significado comum, participaremos juntos. Tomaremos parte no significado coletivo – da mesma forma que as pessoas se alimentam juntas. Participaremos, comunicaremos e criaremos um significado que é de todos, o que quer dizer tanto "compartilhar" como "fazer parte de". Isso significa que surgiria uma consciência comum dessa participação, que nem por isso excluiria as consciências individuais. Cada indivíduo sustentaria sua opinião, mas esta seria absorvida também pelo grupo.

Assim, todos seriam inteiramente livres. Não é como uma turba da qual a mente coletiva se apodera – nada disso. É algo que acontece *entre* o indivíduo e o coletivo e pode mover-se entre eles. É a harmonia do indivíduo e do coletivo, na qual o todo se move constantemente na direção da coerência. Assim, há tanto uma consciência ou mente coletiva quanto individual e, como uma corrente, o fluxo se move entre elas. As opiniões não são tão importantes. No fim das contas, poderemos estar em algum ponto entre todas as opiniões, e começaremos a nos movimentar para além delas em outra direção – uma direção tangencial –, rumo a algo novo e criativo.

UMA NOVA CULTURA

Uma sociedade é um entrelaçamento de relações que as pessoas estabelecem para poder viver juntas: regras, leis, instituições e várias outras coisas. Tudo isso é feito por meio do pensamento e do consenso de que conseguiremos o que queremos; por isso o fazemos. Por trás de tudo está a cultura, que é um comprometimento compartilhado. Mesmo para dizer que querem organizar um governo, as pessoas precisam concordar em um significado comum: que tipo de governo desejam, o que é um governo bom, o que é correto e assim por diante. Diferentes culturas produzirão diferentes governos. Se alguns não concordarem, haverá lutas políticas; se estas se acentuarem, explodirá a guerra civil.

Sustento que a sociedade se baseia em significados compartilhados, os quais constituem a cultura. Se não compartilharmos significados coerentes, não construiremos uma sociedade digna desse nome. Nos dias atuais, as sociedades, de um modo geral, têm um conjunto muito incoerente de "significados compartilhados". Tal conjunto é tão incoerente que fica difícil dizer que eles têm qualquer significação real. Há um certo volume de significações mas ele é muito limitado. No geral a cultura é incoerente e, portanto, levaremos conosco para um grupo – que é um microcosmo, uma microcultura – os correspondentes individuais dessa incoerência.

Se todos os significados puderem entrar juntos, contudo, seremos capazes de trabalhar na direção da coerência. Como resultado desse processo, poderemos, com naturalidade e facilidade, descartar muitos de nossos significados. Mas não temos de começar por aceitá-los ou rejeitá-los. O importante é saber que jamais chegaremos à verdade, a menos que o significado global seja coerente. Todos os significados do passado e do presente são reunidos. Em primeiro lugar, temos de aprendê-los e depois deixá-los à vontade, o que trará à luz uma certa ordem.

Se conseguirmos fazer isso, teremos então um significado coerente no grupo e, a partir daí, o começo de uma nova espécie de cultura – uma cultura tal que, tanto quanto posso avaliar, jamais existiu na realidade. Se existiu, deve ter sido há muito tempo – talvez em alguns grupos da primitiva Idade da Pedra. Digo que pode surgir uma cultura genuína, na qual opiniões e pressupostos não sejam defendidos de maneira incoerente. Esse tipo de cultura é necessário para que a sociedade funcione e, no fim das contas, para que ela sobreviva.

Um grupo assim poderia ser o germe ou o microcosmo de uma cultura maior, que seria disseminada de várias formas – não somente por meio da criação de novos grupos, mas também pela comunicação, por parte das pessoas, da noção do que tudo isso significa.

Além do mais, pode-se perceber que o espírito do diálogo funciona mesmo em grupos menores, em duplas ou até em indivíduos. Se um indivíduo puder manter juntos em sua mente todos os significados, estará em atitude de diálogo. Ele pode pôr isso em prática e, talvez, comunicá-lo verbal e não verbalmente a outras pessoas, e, em princípio, a ideia se espalharia. Hoje, há muitas pessoas interessadas no diálogo. Percebemos que ele está se ampliando. Parece que a época já está madura para essa ideia, e talvez seja possível estendê-la a muitas áreas diferentes.

Acredito que algo assim é necessário para que a sociedade funcione de maneira apropriada e possa sobreviver. Do contrário, ela se esfacelará. O significado compartilhado é a amálgama que mantém a coesão social, e é possível dizer que nos dias atuais tal amálgama é de muito má qualidade. Se você construir um edifício com um cimento ruim, ele rachará e desabará. Precisamos do cimento adequado, da cola certa – e eles são o significado compartilhado.

AS DIFICULDADES DO DIÁLOGO

Até agora, falamos sobre o lado positivo do diálogo. Entretanto, as tentativas de dialogar podem ser muito frustrantes. Digo isso não só teoricamente, mas também com base na experiência. Já mencionamos algumas dessas dificuldades: é frustrante lidar com muitas opiniões; isso gera ansiedade. Ao lado disso, descobriremos outros problemas ao tentar formar um grupo de diálogo de qualquer tamanho. Algumas pessoas querem se autoafirmar; essa é a sua maneira de ser. Falam com facilidade e se tornam dominadoras. Podem ter uma autoimagem de dominadoras e tiram daí uma certa segurança, apoiam-se nesse sentimento. Outros indivíduos, porém, não têm uma autoestima tão grande nessa área; tendem a conter-se, em especial quando na presença de alguém que é dominador. Têm medo de que os façam de tolos ou coisa parecida.

As pessoas tendem a adotar vários papéis. Algumas assumem o papel do dominador, outras o do fraco, sem forças, gente que pode ser dominada. Elas como que funcionam em conjunto, um papel sustenta o outro. Esses "papéis", que na realidade se baseiam em pressupostos e opiniões, também interferem no diálogo. Assim, de uma forma ou de outra, um indivíduo constrói para si mesmo algumas suposições. Além do mais, desde a infância lhe disseram que isso é o que ele é, que ele é dessa ou daquela maneira. Ele teve más ou boas experiências, e tudo se incorporou à sua construção. Eis alguns dos problemas que emergirão quando tentarmos dialogar.

Outra dificuldade é que você descobrirá que com muita frequência existe um impulso, quase uma compulsão para "chegar lá" rapidamente: uma pressão para colocar o seu ponto de vista, em particular se você for um dos "faladores". Mesmo se não for um deles, você sentirá essa pressão mas se conterá porque tem medo. Portanto, não há um momento certo para que as pessoas absorvam o que foi dito ou ponderem. Elas se sentem pressionadas a participar e também podem sentir-se excluídas. Por essa razão elementar, a globalidade da comunicação se decompõe. No fim das contas não há nada de profundo nisso, mas ainda assim é preciso falar sobre esses aspectos. Muito frequentemente você notará que, quando é proporcionado espaço, num grupo, todos começam a falar de imediato, seja o que for que pensem.

Contudo, você também não deve continuar a ruminar um determinado ponto em sua mente, revirando-o em todos os sentidos enquanto a conversa prossegue em outra direção. Se parar para pensar em um dado aspecto, quando terminar de fazer isso, o grupo já avançou, e o que você tiver para dizer agora será irrelevante. É como se estivesse pensando: "O que significa tudo isso? O que devo dizer a respeito?" Mas, quando parar de pensar, já será tarde porque o tópico mudou. Assim, há um contexto sutil de permeio, no qual você não deve se precipitar nem se conter demais. Podem surgir também períodos de silêncio.

Em consequência, embora não tenhamos "regras" para o diálogo, podemos aprender certos princípios que nos ajudarão à medida que prosseguimos. A necessidade de proporcionar oportunidades suficientes para que todos falem é um deles. Não consideramos isso uma regra; ao contrário, dizemos que é possível perceber o sentido dessa atitude e aprendemos a pô-la em prática. Percebemos, pois, a necessidade ou o valor de certas condutas que nos auxiliam.

Se alguém pretender que o grupo adote e pratique suas ideias e propósitos, provavelmente dará início a um conflito. O diálogo se destina àqueles que em geral concordam com uma determinada forma de interagir. Se alguém discorda, não há razão para que continue a participar das reuniões. Com frequência, você nota que à medida que o diálogo e os encontros prosseguem, algumas pessoas saem e outras entram no grupo. Haverá sempre quem conclua: "Bom, isso não é para mim".

Como lidar com as frustrações no grupo? Como foi dito antes, haverá coisas que o irritarão, frustrarão ou poderão amedrontá-lo. Suas pressuposições podem ser reveladas e questionadas, e você pode achar que as opiniões dos outros são chocantes. As pessoas também podem sentir-se receosas ou tensas com a ausência de um líder e de um conjunto de tópicos e regras dizendo-lhes o que fazer. Portanto, você tem de lidar com tudo isso.

Esses são os problemas que surgirão – têm aparecido em todos os grupos que vi. Sua expectativa pode ser a de que eles são quase inevitáveis, o que o faz perguntar: "Então, que sentido há em continuar?" Examinemos, pois, esse questionamento.

A VISÃO DO DIÁLOGO

Deixem-me falar sobre o que chamo de "a visão do diálogo". Você não é obrigado a aceitá-la, mas tomar conhecimento dela pode valer a pena. Suponhamos que tudo isso seja verdadeiro e que enfrentaremos uma carga emocional – toda essa irritação e frustração – que pode passar ao ódio se houver pressupostos muito fortes. Podemos dizer que o ódio é um distúrbio neurofisiológico, químico, muito poderoso e hoje endêmico no mundo. Para onde quer que você olhe, verá pessoas a se odiar mutuamente. Suponha, pois, que você se junte a essa tendência. Poderá então ter um *insight,* um *insight* compartilhado de que todos nos encontramos na mesma situação – todo mundo tem pressupostos, todos se agarram a seus pressupostos, todos têm distúrbios neuroquímicos. O nível fundamental das pessoas é o mesmo; as diferenças superficiais não são tão importantes.

É possível perceber que existe uma espécie de "nível de contato" no grupo. O processo do pensamento é uma extensão do processo corporal, e toda a linguagem corporal mostra isso. Na realidade, as pessoas estão em estreito contato – o ódio produz uma ligação extremamente próxima. Lembro-me de alguém dizendo que, quando os indivíduos estão em contato, falando sobre algo que é muito importante para eles, a totalidade de seus corpos está envolvida – seus corações, sua adrenalina, sua neuroquímica, tudo enfim. Eles estão bem mais em contato uns com os outros do que com algumas partes de seus corpos, como os grandes artelhos, por exemplo. Assim, num certo sentido esse contato estabelece um "corpo único". Além disso, se formos capazes de ouvir as opiniões uns dos outros e suspendê-las sem julgá-las e, se os outros fizerem o mesmo com nossas opiniões, teremos uma "mente única", porque temos *o mesmo conteúdo* – todas as opiniões, todas as pressuposições. Nesse momento, a diferença é secundária: agora você tem, num certo sentido, um único corpo, uma única mente. Essa condição não oprime as individualidades. Não há conflito no fato de que o individual possa não concordar. Decididamente, não é importante se você concorda ou não. Não há pressão para concordar ou discordar.

O ponto central é que estabeleceríamos, em outro plano, uma espécie de ligação chamada companheirismo difuso. As pessoas não têm de se conhecer. Na Inglaterra, por exemplo, as multidões nos jogos de futebol preferem não ter lugares marcados nas arquibancadas dos estádios; os frequentadores querem apenas sentir-se espremidos uns contra os outros. Nessas multidões muito pouca gente se conhece, mas mesmo assim as pessoas sentem algo – o contato – que faz falta em seus relacionamentos pessoais. E na guerra, muitos indivíduos sentem que há uma espécie de companheirismo que não existe em tempos de paz. É a mesma coisa – a conexão estreita, a cumplicidade, a participação mútua. Penso que sentimos falta disso em nossa sociedade, que costuma glorificar o indivíduo isolado. Os comunistas tentaram estabelecer algo diverso, mas falharam desastrosamente. Agora, muitos deles adotaram nossos mesmos valores, mas as pessoas não se sentem felizes nessas condições: sentem-se solitárias. Mesmo as "bem-sucedidas" se sentem separadas, percebem que há um outro lado que faz falta.

Afirmo que essa é uma razão para o diálogo. Precisamos dele. Essa razão deve ser forte o suficiente para que superemos as frustrações das quais falamos há pouco. Em geral, as pessoas parecem prontas para aceitar a frustração ligada a algo que veem como importante. Trabalhar ou ganhar dinheiro, por exemplo, é frequentemente frustrante, produz ansiedade. Mesmo assim, costuma-se dizer: "Isso é importante. Temos de continuar". Sentem-se desse modo em relação a toda espécie de coisas e situações. Afirmo que se considerarmos o diálogo importante, também diremos a respeito dele: "Vamos continuar". Mas, se não o julgarmos necessário, poderíamos dizer: "Está bem, será que vale a pena? Há dificuldades demais. Vamos desistir. Isso não leva a nada". Mas observem que é preciso examinar tudo o que é novo durante um certo tempo. Na ciência, ou em qualquer outra área, em geral você tem de atravessar um período no qual nada se consegue enquanto se pesquisa, o que pode ser desencorajador.

Se pudermos suspender a colocação em prática de nossos impulsos, suspender nossos pressupostos e observá-los, estaremos no mesmo estado de consciência e, consequentemente, teremos estabelecido aquilo que muita gente diz pretender – uma consciência comum. Pode ser muito trabalhoso, mas podemos consegui-lo. Em relação à consciência comum, costuma-se usar a expressão "felicidade compartilhada". Isso pode acontecer; mas se ocorrer, sustento que o caminho para chegar lá inclui as frustrações. Precisamos compartilhar a consciência daquilo que *realmente* temos. Se as pessoas puderem compartilhar a frustração, e dividir entre si seus pressupostos diferentes e contraditórios, repartir sua raiva mútua e persistir no processo – se todo mundo ficar irritado junto e, em comum, observar esse fenômeno –, haverá uma consciência comum.

Se pudermos observar atentamente o poder, a violência, o ódio ou seja o que for, observar o processo inteiro, até o fim, ele acabará por entrar em colapso – pois no final das contas perceberemos que somos todos iguais. Em consequência, conseguiremos mais participação e companheirismo. As pessoas que chegarem ao fim do processo podem se tornar boas amigas. Tudo agora fica diferente. Tornamo-nos mais abertos e confiantes uns nos outros. *Já teremos superado aquilo de que temos medo,* de modo que agora a inteligência pode funcionar.

Em relação a isso, eu gostaria de contar uma história. Conheci, em Londres, um psiquiatra de crianças. Ele me disse que certa vez alguém lhe trouxe uma menina de cerca de sete anos que estava muito perturbada. Não queria falar com ninguém. Trouxeram-na porque esperavam que ele a ajudasse a falar. Assim, o psiquiatra tentou fazer isso durante uma hora e nada conseguiu. Por fim, já exasperado, perguntou: "Por que você não fala comigo?" Ela respondeu: "Porque eu o odeio". O psiquiatra achou que deveria introduzir no problema a dimensão tempo, para de alguma forma fazer cessar a crise. E então perguntou: "Desde quando você me odeia?" A resposta foi: "Eu o odeio para sempre". Ele já estava um tanto preocupado, de modo que falou de novo sobre o tempo: "Durante quanto tempo você me odiará para sempre?" Ela então caiu na gargalhada e a crise se desfez. A energia lá existente se tornara disponível. O absurdo e a incoerência da situação foram mostrados à menina. Ela havia dito que odiaria o médico para sempre, mas acabou por perceber que as coisas na verdade não eram assim; e se não eram, a ideia de que devia continuar a odiá-lo também não era necessária.

Quando você fica com raiva há uma razão, uma causa. Você diz que está irritado por causa disso ou daquilo. Essas coisas constroem a raiva e o ódio, até que chega um ponto em que já não há uma razão específica para eles, que agora se autossustentam. Essa energia está como que aprisionada, e por isso observá-la com persistência pode fazer com que ela se dissipe. O mesmo vale para o pânico. Em geral, você tem consciência da razão do seu medo, mas com o tempo acaba entrando em pânico e ele continua por si mesmo. Entretanto, o tipo de energia que aí existe pode ser, de um modo impreciso, um impulso para a criatividade – *uma energia sem causa*.

Ainda assim, existe muito de violento nas opiniões que defendemos. Não são simples opiniões nem meras suposições; trata-se de pressupostos com os quais estamos identificados – e que portanto defendemos como se estivéssemos a defender a nós mesmos. O impulso natural de autodefesa, que adquirimos nas selvas, transferiu-se dos animais selvagens para essas opiniões. Em outras palavras, dizemos que ali há algumas opiniões perigosas – do mesmo modo que poderia haver tigres perigosos. E há, dentro de nós, alguns animais muito preciosos que têm de ser defendidos. Assim, um impulso que fez sentido fisicamente na selva, foi transferido para nossas opiniões na vida moderna. No diálogo, é preciso que tomemos consciência disso de maneira coletiva.

Enquanto mantivermos essa atitude defensiva, a manutenção de pressupostos, a aderência estrita a eles e o argumento "tenho de estar certo", nossa inteligência será muito limitada, pois ser inteligente requer que não defendamos pressuposições. Não há razão para sustentar um pressuposto se houver provas de que ele não é correto. A própria estrutura de um pressuposto ou opinião implica que eles devem estar abertos à demonstração de que podem não estar corretos.

Isso não quer dizer que as opiniões do grupo nos serão impostas. Se isso acontecesse, o coletivo poderia ser frequentemente perturbador. O grupo pode agir como uma consciência e induzir poderosos sentimentos de culpa em seus membros, pois somos feitos de tal maneira que tendemos a considerar verdadeiro aquilo com o qual todos concordam. Todos podem ou não ter uma opinião diferente – isso não é tão importante. Não é necessário que todos sejam convencidos a ter o mesmo ponto de vista. O compartilhamento de consciências é mais importante do que o conteúdo das opiniões. Afinal, você pode perceber que, de todo modo, tais opiniões são limitadas. Pode descobrir que a resposta não está de modo algum nas opiniões, mas em outras partes. A verdade não emerge de opiniões; ela deve emergir de algo mais – talvez de um movimento mais livre da mente tácita. Assim, precisamos conseguir significados mais coerentes se quisermos perceber a verdade ou tomar parte nela. Eis por que sustento que o diálogo é tão importante. Se nossos significados forem incoerentes, como participaremos da verdade?

Acho que essa nova abordagem poderia abrir caminhos para mudar a situação do mundo inteiro – ecologicamente e de outras formas. Por exemplo, o movimento ecológico, ou "movimento verde", agora está sob o perigo de se fragmentar porque muitos de seus grupos têm opiniões diferentes sobre como lidar com certos problemas. Dessa forma, eles podem acabar lutando uns contra os outros, do mesmo modo que lutam a favor da ecologia. Em consequência, parece especialmente urgente que o movimento verde entre em diálogo.

As pessoas que se preocupam com a ecologia têm uma consciência muito clara de alguns de nossos problemas planetários, mas creio que muitas delas podem não estar atentas para seus pressupostos e processos tácitos de pensamento. Acredito que é importante chamar atenção para isso de modo explícito, para que se torne evidente qual é o problema básico. Essas atividades caminham juntas. Despoluir rios, plantar árvores e salvar as baleias são providências que devem seguir junto com o diálogo e com a percepção da questão geral do pensamento. Todas essas questões pertencem ao mesmo plano, porque qualquer uma dessas atividades não é suficiente quando isolada. Se todos falarmos sobre o pensamento e pensarmos sobre ele durante um tempo longo demais, o planeta inteiro poderá ser destruído enquanto conversamos. Mas acho que o diálogo funcionará nesse nível tácito do processo mental, no qual acontecem as coisas mais importantes.

Há situações em que as pessoas têm diferentes pressupostos e opiniões, nas quais uma facção está interessada e outra não. Ainda assim, de alguma forma conseguimos dialogar. Mesmo que uma facção não participe, os que desejarem podem tomar parte no diálogo entre o nosso pensamento e o deles. Podemos ao menos dialogar entre nós mesmos tanto quanto isso for possível, ou um indivíduo pode fazê-lo sozinho. Quanto mais tal atitude se disseminar, mais acho que ela pode ajudar. Se realmente pudermos fazer algo criativo, essa atitude poderia auxiliar os outros no nível tácito, o que corresponderia a comunicar-se nesse plano, tanto com palavras quanto além delas. Mas, se continuarmos a repetir a mesma velha história, isso não acontecerá.

A noção de diálogo e consciência comum sugerem que há algum modo de sairmos de nossas dificuldades coletivas. Temos de começar pelas raízes da grama, por assim dizer, e não iniciar pelo topo da montanha, com as Nações Unidas ou com o presidente. Sei que no Departamento de Estado norte-americano há pessoas que têm familiaridade com a ideia do diálogo, o que mostra como tais noções se espalham e alcançam os níveis mais altos. Isso indica que neste mundo as coisas podem ser comunicadas com grande rapidez, embora esse fato a princípio pareça insignificante. Em três ou quatro passos, o processo pode alcançar todos os níveis. Da mesma forma que as ideias destrutivas são comunicadas, a ideia de diálogo também poderia sê-lo.

Se observarmos bem as frustrações do diálogo, o significado do que fazemos poderá ser muito maior do que parece à primeira vista. Podemos dizer que em vez de ser parte do problema, tornamo-nos parte da solução. Em outros termos, nosso próprio movimento se qualifica como solução; faz parte dela. Contudo, mesmo pequeno como é, ele tem qualidade de solução e não qualidade de problema. Quanto maior for um movimento, mais será qualificado como um problema e não como uma solução. Consequentemente, o ponto fundamental é começar algo que se qualifique como solução. Como foi dito, não sabemos o quão rápida ou o quão lentamente o diálogo pode se disseminar. Não conhecemos a rapidez com a qual um movimento compartilhado da mente – no processo do pensamento e além dele – se estenderá.

Algumas vezes, ouvimos que "tudo o que realmente precisamos é de amor". É claro que isso é verdadeiro. Se o amor universal existisse, tudo correria bem. Mas, ao que parece, ele não existe. Portanto, precisamos descobrir algo que funcione. Embora possa haver frustrações, irritação, raiva, ódio e medo, temos de descobrir alguma coisa que possa lidar com tudo isso.

Para ilustrar esse ponto, aqui vai uma história sobre os dois principais cientistas do século 20, Albert Einstein e Niels Bohr. Einstein se lembrava de que, quando se encontrara com Bohr pela primeira vez, se sentira próximo a ele. Escreveu sobre a estima que lhe dedicava. Falaram animadamente sobre física e outros assuntos. No entanto, os dois acabaram por chegar a um ponto em que tinham pressupostos e opiniões diferentes a respeito do caminho para a verdade. Os julgamentos de Bohr se baseavam em seus pontos de vista sobre a teoria quântica, e os de Einstein em sua visão da relatividade. Os dois conversaram muitas vezes, com muita paciência e grande boa vontade. Isso durou anos e nenhum deles cedeu. Cada um apenas repetia o que vinha dizendo antes. E assim, acabaram descobrindo que dessa forma não chegariam a parte alguma e aos poucos se afastaram. Depois disso, não se encontraram por um longo tempo.

Num determinado ano, ambos estavam no Instituto de Estudos Avançados, em Princeton, mas ainda não se haviam visto. Herman Weyl, um matemático, comentou: "Seria ótimo se eles se encontrassem. É uma pena que não o façam". Organizou então uma reunião festiva, para a qual Einstein, Bohr e seus respectivos alunos foram convidados. Einstein e seu grupo ficaram num lado da sala e Bohr, também com seu grupo, ficou em outro. Não puderam encontrar-se porque não tinham nada para conversar. Não puderam compartilhar nenhum significado, porque cada um achava que o seu é que era o verdadeiro. Como compartilhar quando você sabe que está com a verdade, o outro tem certeza de que também está e essas verdades não concordam? Como compartilhar?

Portanto, é preciso ter cuidado com a noção de verdade. O diálogo pode não estar diretamente preocupado com ela – pode alcançá-la, mas sua preocupação é com o significado. Se o significado for incoerente, você jamais chegará à verdade. Poderá pensar: "*Meu* significado é coerente e o dos outros não", mas assim nunca haverá significados compartilhados. Você terá uma "verdade" para si mesmo ou para o seu grupo se isso lhe servir de consolo. Mas o conflito continuará.

Se for necessário compartilhar os significados e as verdades, precisamos fazer algo diferente. Bohr e Einstein provavelmente deveriam ter mantido um diálogo. Não estou dizendo que eles *poderiam* ter tido um diálogo, mas numa conversa desse tipo talvez um tivesse ouvido as opiniões do outro. E talvez pudessem ter suspenso suas opiniões e se movido para algo novo, além da relatividade e da teoria quântica. Poderiam, em princípio, ter feito isso, mas não acho que a ideia de diálogo tenha ocorrido aos cientistas da época.

A ciência se baseia no conceito de que pode chegar à verdade – à *única* verdade. A ideia de diálogo é, pois, até certo ponto estranha à estrutura científica atual, como ocorre com a religião. De certa maneira, a ciência se tornou a religião da Idade Moderna. Desempenha o papel que a religião tinha para proporcionar a verdade. Daí o fato de que os cientistas não podem mais se reunir, da mesma forma que ocorre com os religiosos, dado que eles têm diferentes noções da verdade. Como disse o cientista Max Planck: "Na realidade, as novas ideias não triunfam. O que acontece é que os velhos cientistas morrem e os novos chegam com ideias novas". Mas é claro que nesse caso essa não é a forma correta de proceder. Não quero dizer que a ciência não pode funcionar de outra maneira. Se os cientistas pudessem dialogar, haveria uma revolução científica radical – a própria natureza da ciência mudaria. Os cientistas estão, em princípio, comprometidos com os conceitos do diálogo. Eles dizem: "Devemos ouvir. Não devemos excluir nada".

Contudo, acabam descobrindo que não podem fazer isso, e não apenas porque compartilham o que todo mundo compartilha – pressupostos e opiniões –, mas também porque a própria noção que define a ciência atual diz que ela tem por objetivo *obter* a verdade. Poucos cientistas questionam a pressuposição de que o pensamento é capaz de chegar a conhecer "tudo". Mas esse pode não ser um pressuposto válido, porque pensamento é abstração, o que implica inevitavelmente limitação. A *totalidade* é demasiada. Não há como o pensamento abarcar o todo, porque ele apenas abstrai e, ao fazer isso, limita e define. Além do mais, o passado, do qual ele se nutre, contém muito pouco. O presente não está contido no pensamento; e assim, nenhuma análise pode abranger o momento em que é feita.

Há também os relativismos, que dizem que jamais chegaremos à verdade absoluta, mas acabam vitimados por seu próprio paradoxo: com base nele, presumem que o relativismo é uma verdade absoluta. Assim, é claro que aqueles que acreditam que alcançam qualquer espécie de verdade absoluta não podem participar de um diálogo, inclusive entre eles próprios. Mesmo os relativistas divergem entre si.

Vemos, pois, que não existe um "caminho" para a verdade. O que tentamos dizer é que no diálogo compartilhamos todas as trilhas e, por fim, percebemos que nenhuma delas é fundamental. Percebemos o significado de todos os caminhos, e portanto chegamos ao "não caminho". No fundo, todos os caminhos são os mesmos, pelo próprio fato de que são "caminhos" e por isso são rígidos.

Dissemos que num diálogo haverá frustrações, mas as pessoas podem se tornar amigas se puderem transpô-las. Não que busquemos afeições. Não procuramos a amizade; não demandamos nada, embora a amizade possa vir. *Se você perceber o pensamento dos outros, ele se torna seu e você o trata como seu. E quando surge uma carga emocional, você compartilhará também todas as cargas de emoção se elas o afetarem; você as manterá, junto com a totalidade dos pensamentos.* Com frequência, quando há uma carga emocional alguém pode intervir e atenuá-la um pouco, de modo que ela não vá adiante – como fez o psiquiatra de crianças, quando perguntou: "Durante quanto tempo você me odiará para sempre?" Ou algum outro tipo de humor pode "desativar" a questão – alguma observação apropriada que não pode ser prevista.

Às vezes, você descobre que está a ponto de levantar uma questão mas alguém o faz antes. Nesse caso, tal pensamento provavelmente era latente no grupo inteiro, estava implícito, e qualquer um poderia verbalizá-lo. Alguém mais pode tomá-lo e desenvolvê-lo. Se o grupo realmente funcionar, isso significa pensar em comum – é como se fosse um processo único. Esse pensamento comum se formou coletivamente. Se alguém trouxer outra pressuposição, todos a ouviremos e compartilharemos o seu significado. Eis a "visão do diálogo".

A SENSIBILIDADE NO DIÁLOGO

O que discutimos não tem sido habitual na sociedade humana, embora seja aquilo de que ela precisa para ser coesa. Se as pessoas fizessem isso no governo, nos negócios ou no plano internacional, nossa sociedade funcionaria de um modo diferente. Mas isso requer *sensibilidade* – uma determinada maneira de saber como entrar e como não entrar, de observar todas as "deixas", os sentidos e nossas respostas a eles, o que acontece dentro de nós, o que ocorre no grupo. As pessoas podem mostrar o que acontece com elas pela postura de seus corpos – por sua "linguagem corporal" – tão bem quanto pelo que dizem.

Elas não tentam fazer isso de propósito, mas você descobrirá que acontece na realidade. Faz parte da comunicação, que é tanto não verbal quanto verbal. Você não *tenta* de modo algum comunicar-se corporalmente; pode nem mesmo perceber que também se comunica dessa maneira.

Sensibilidade significa ser capaz de perceber que algo está acontecendo, sentir suas reações e as de outras pessoas, sentir as sutis diferenças e semelhanças. Sentir tudo isso é o fundamento da percepção. Os sentidos lhe proporcionam informações, mas você tem de ser sensível a elas, do contrário não as perceberá. Se você conhece bem uma pessoa, pode passar por ela na rua e dizer: "Eu a vi". Mas quando lhe perguntam como esse indivíduo estava vestido, você pode não saber porque realmente não olhou. Não foi sensível a tudo, porque viu aquela pessoa por meio da *tela do pensamento* – e isso não é sensibilidade.

A sensibilidade inclui os sentidos, mas vai além deles. Os sentidos detectam certas coisas às quais respondem, mas isso não basta. Os sentidos lhe dirão o que acontece, mas daí para a frente a consciência deve construir uma forma ou criar alguma noção do que isso tudo *significa*, o que o mantém coeso. Portanto, o significado faz parte do processo. Somos sensíveis ao significado e à falta dele. Eis a percepção do significado, se você preferir chamá-la assim. É uma forma mais sutil de percepção. O significado é aquilo que dá suporte ao conjunto. É a "amálgama", como foi dito. O significado não é estático – é um fluxo. Quando o compartilhamos, ele flui entre nós, ajuda a manter a coesão do grupo. Todos são sensíveis a todas as nuanças de tudo o que ocorre, não apenas ao que acontece em sua mente. Daí forma-se um significado que é compartilhado, e dessa maneira podemos falar juntos coerentemente e pensar em grupo. O contrário acontece quando as pessoas se atêm aos seus pressupostos, e por isso não pensam juntas. Cada uma pensa por si.

O que bloqueia a sensibilidade é a defesa dos pressupostos e opiniões. Se você se mantiver na defesa de suas opiniões, não será capaz de julgar a si próprio e dizer: "Eu não deveria defendê-las". Ao contrário, o fato é que você *está* a defendê-las e por isso não é sensível a elas – a todos os sentimentos incluídos no processo, a todas as nuanças e sutilezas. Não visamos ao grupo que julga, condena e assim por diante – todos podemos nos dar conta de que isso pode atrapalhar. Um grupo de diálogo não julgará ou condenará: simplesmente olhará para todas as opiniões e pressupostos e deixará que eles venham à superfície. E creio que uma vez lá eles podem se modificar.

Krishnamurti disse que "ser" é relacionar-se. Mas os relacionamentos podem ser muito dolorosos. Disse também que devemos pensar/sentir todos os nossos processos mentais e trabalhá-los, e que isso abrirá caminho para algo mais. Certas coisas dolorosas podem acontecer a algumas pessoas; e você tem de trabalhar todas elas.

Uma vez, tivemos um diálogo na Suécia, no qual o grupo pareceu ter-se dividido em duas facções. Havia muita gente do tipo "New Age", e desde o início essas pessoas começaram a falar sobre as virtudes do amor, que aquele lugar estava cheio de amor, que o amor estava em todos os lados e assim por diante. Parte do grupo permaneceu em silêncio por algum tempo, mas depois os participantes começaram a falar. Insinuaram que toda aquela conversa sobre amor era um sentimentalismo absurdo e nada significava. Então um indivíduo se sentiu tão incomodado que não pôde aguentar mais e saiu da sala. Mas acabou voltando e juntou-se aos demais. Havia ocorrido uma polarização que, como já vimos, é uma dificuldade típica que surge nos grupos. Alguém percebeu que ela acontecera e disse, com uma pitada de bom humor: "Aqui há dois grupos – o do amor e o do ódio". Aquilo quebrou um pouco a tensão e os dois lados começaram a conversar. Eles não necessariamente convenceram um ao outro, mas cada lado foi capaz de perceber o significado da posição do outro e assim puderam se comunicar.

O que interessa é que tudo isso foi mais importante do que se uma facção tivesse convencido a outra. Elas acabariam descobrindo que ambas teriam de desistir de suas posições para que outras coisas pudessem acontecer. Não era importante que uma estivesse a favor do amor, que a outra estivesse do lado do ódio ou a favor da suspeita, da precaução, e se mostrasse um tanto cínica ou seja o que for. Na verdade, no fundo elas eram semelhantes porque tinham posições rígidas. Torná-las flexíveis, portanto, foi a mudança-chave.

De um modo geral, você diria que ao evitar defender suas posições não age com seriedade. Da mesma forma, se evita entrar em contato com algo desagradável em seu interior, dirá o mesmo. Não há seriedade em muitos aspectos de nossas vidas, e a sociedade nos ensina isso: ensina-nos a não ser muito sérios – há todo tipo de situações incoerentes e não se pode fazer nada a respeito disso; se você for sério demais, só se agitará inutilmente.

No diálogo, porém, é preciso que sejamos sérios. Se não o formos, não será um diálogo – não no sentido que dou a essa palavra. Há uma história sobre Freud, que ocorreu quando ele teve câncer na boca. Alguém o procurou para falar-lhe a respeito de um tema psicológico e disse: "Talvez fosse melhor que eu não lhe falasse, porque o senhor foi atingido pelo câncer, o que é muito sério. O senhor pode não querer falar sobre isso". Eis a resposta de Freud: "Este câncer pode ser fatal, mas não é sério". E realmente o que havia era um monte de células em multiplicação. Acredito que muito do que aconteceu na sociedade poderia ser descrito dessa forma: fatal, porém não sério.

O DIÁLOGO LIMITADO

Algumas vezes, as pessoas têm a sensação do diálogo em suas famílias. Mas uma família em geral é uma hierarquia, organizada segundo o princípio da autoridade, que é contrário ao diálogo. A família é uma estrutura autoritária, baseada em obrigações e coisas parecidas. Tem seu valor, mas é uma estrutura na qual seria difícil manter o diálogo. Seria bom se ele acontecesse, e talvez isso possa se dar em algumas famílias. Mas em geral é difícil, porque não há lugar para o diálogo quando os princípios básicos são a autoridade e a hierarquia. Queremos nos livrar delas quando nos movemos. Você deve ter alguma autoridade para conduzir as coisas; eis por que dizemos que se existe um propósito deve haver uma certa autoridade em algum lugar. Mas num diálogo, dado que não há objetivo, uma agenda, e não somos obrigados a fazer nada, não precisamos de autoridade ou hierarquia. Em lugar delas, precisamos de uma espécie de lugar disponível, no qual possamos permitir que se fale sobre qualquer coisa.

Como foi dito, você também pode dialogar de um modo mais limitado – e talvez com um propósito ou meta em mente. Seria melhor aceitar o princípio de deixar a mente aberta, porque quando a limitamos aceitamos os pressupostos com base nos quais estabelecemos essa limitação – e estes podem atrapalhar a comunicação. Por isso, tais pressupostos não podem ser observados.

Contudo, se as pessoas não estiverem preparadas para uma total abertura em termos de comunicação, devem fazer o que for possível. Conheço alguns professores universitários que estão interessados em aplicar os princípios do diálogo a problemas empresariais. Recentemente, um deles se reuniu com os executivos de uma organização que fabrica móveis de escritório. Eles queriam fazer uma reunião de diálogo porque sabiam que não estavam trabalhando com eficiência e era difícil concordarem uns com os outros. Os executivos de hierarquia mais elevada tinham todo tipo de pressupostos, os quais bloqueavam tudo. Por isso chamaram esse professor, que começou um grupo de diálogo. Os executivos o acharam muito interessante e quiseram organizar uma série de reuniões.

Como é natural, esse tipo de diálogo é muito limitado – os participantes têm propósitos bem definidos, o que é limitante –, mas mesmo assim tem um considerável valor. O princípio é pelo menos fazer com que as pessoas conheçam os pressupostos umas das outras e, desse modo, ao ouvi-los possam saber a quem pertencem. Com muita frequência, as pessoas se envolvem em problemas em que não conhecem os pressupostos dos outros interessados, e reagem segundo o modo como imaginam que eles sejam. Os outros, por sua vez, ficam confusos e se perguntam: o que será que ele está fazendo? E reagem confusamente, e as coisas ficam muito atrapalhadas. Por isso, é útil que eles ao menos saibam quais são os pressupostos uns dos outros.

O professor de que falamos me relatou dois casos interessantes. Um envolvia uma empresa que tinha problemas com os executivos mais altos, que não estavam contentes e não conseguiam se entender. O modo habitual de a companhia resolver esse tipo de dificuldade era aumentar os salários, o que funcionava como uma espécie de "adoçante". Com isso, muitos funcionários medíocres receberam as posições o mais altas possível.

Essa situação continuou, e logo havia tanta gente com altos salários que a empresa não tinha como pagá-los. A solução falhara e eles se perguntaram: "O que podemos fazer? Bem, temos uma pessoa dura, que dirá a eles:

'Vocês terão de aceitar outros postos'". Esse negociador explicou as novas políticas e disse que a empresa não podia pagar tanto. Mas evitou a questão principal, pois não disse diretamente que a abordagem inteira estava errada. Se a empresa quiser funcionar com eficiência, é preciso que haja um acordo mútuo de que ela não atribuirá posições mais altas só para atenuar problemas psicológicos interpessoais. Essa não é uma forma adequada de agir. Todos devem entender que essa não é a maneira correta de trabalhar, do contrário a empresa não terá sucesso.

Portanto, era necessário um diálogo, para que os funcionários pudessem começar a falar efetivamente uns com os outros e perceber os pontos importantes: "É dessa maneira que pensamos e é daí que surgem os problemas. É isso que é preciso mudar". Assim, com base no pressuposto geral de que uma empresa precisa sobreviver, houve um tipo limitado de diálogo – não o tipo que em última análise queremos manter, mas de certo modo um bom diálogo.

Sustento que a humanidade precisa fazer isso. Pode-se dizer que ela tem as mesmas falhas daquela empresa.

O segundo caso envolveu os próprios grupos de negociação, o pessoal da universidade cuja especialidade era ir às empresas e ajudá-las a resolver problemas. Eles organizaram uma reunião com o mesmo propósito – só assim poderiam falar. Tiveram uma série de encontros, nos quais aconteceu que dois dos especialistas simplesmente não conseguiram concordar sobre nenhuma questão. Um deles expressava constantemente o pressuposto de que a coisa certa a fazer era apresentar o problema e pôr alguém para enfrentá-lo. O outro pensava o oposto:

isso não deveria ser feito. Queria que outra pessoa lhe trouxesse informações. Sentia que não poderia dizer algo, a menos que alguém criasse para ele um espaço para falar e o informasse. O primeiro indivíduo não faria isso e ele pensava o contrário. Portanto, não se afinaram. Tudo continuou confuso durante muito tempo. Por fim, os dois começaram a conversar, e cada um falou sobre as experiências de infância que estavam por trás de seus pressupostos – e então deu-se a abertura.

O participante que atuava como facilitador fez muito pouco durante esse tempo. Vários outros apelaram a ele e lhe perguntaram por que não falava. O facilitador pode intervir às vezes e comentar o que ocorre e seu significado. Num grupo mais geral, ele deve, por fim, transformar-se em apenas mais um membro. É provável que nos grupos de diálogo em empresas isso não funcione. O facilitador não pode ser um participante como os outros, porque tais grupos são demasiadamente limitados e objetivos.

O segundo exemplo poderia ser uma ilustração de como o individual pode ter de intervir no geral, porque em certos casos há bloqueios devidos a pressupostos adquiridos na infância ou de alguma outra maneira. Nesse exemplo, os interlocutores foram, finalmente, capazes de trazê-los à tona. Não pretendiam "curar" um ao outro, fazer terapia, nada disso; no entanto, a interação teve um efeito terapêutico, embora isso seja secundário nos grupos de diálogo.

Algumas pessoas creem que o diálogo corporativo só faz incrementar um sistema corrupto. Contudo, existe nele o germe de algo diferente. Acredito que, se observarmos a sociedade, descobriremos que quase tudo está envolvido nesse jogo corrupto. Por isso, não conseguiremos nada apenas o ignorando. Os executivos têm de pôr as empresas para funcionar; na verdade, se todas as companhias pudessem trabalhar com mais eficiência, nós nos sairíamos bem melhor. É em parte porque elas são tão confusas que temos tantos problemas, que a sociedade é ineficiente e que tudo está caindo aos pedaços. Se o governo e as empresas pudessem trabalhar eficientemente, não seríamos tão destrutivos, tão desperdiçadores, embora isso por si só não resolvesse todos os problemas.

Para que a sociedade vá bem, tudo precisa funcionar de modo eficiente e coerente. Se observarmos o que acontece no mundo atual, neste ou em qualquer outro país, diremos que ele não funciona com coerência. A maioria das organizações também não.

E assim pouco a pouco a coisa vai afundando. Penso que, se essa ideia for apresentada em qualquer situação – e esse é o germe do diálogo – e se for possível fazer com que as pessoas olhem para ela, teremos dado um grande passo. Você poderia argumentar que os chefes de Estado não são propensos a ter o tipo de diálogo do qual estamos falando. Mas se eles tivessem qualquer espécie de diálogo, qualquer que fosse, se começassem a aceitar esse princípio, teríamos dado outro passo.

E algumas coisas mudariam; por exemplo, a energia que se desperdiça na produção de armamentos poderia ser diminuída. Se pudéssemos cortar as imensas quantias gastas em armas – digamos, um trilhão de dólares por ano –, elas poderiam ser usadas para a recuperação da ecologia e toda sorte de atividades construtivas. É possível que algo assim aconteça. Os políticos mais conscientes da questão ecológica, por exemplo, conscientizariam o presidente se pudessem conversar. Não que esperemos que os políticos resolvam os problemas. O que quero dizer é que, se houver um leve movimento na direção de algo mais aberto, a velocidade da destruição diminuirá. Se continuarmos nesse ritmo, teremos muito pouco tempo para agir.

Nada podemos fazer no escalão de presidentes ou primeiros-ministros, pois eles têm suas próprias opiniões. Mas, como foi dito, as ideias se infiltram. De alguma forma, a noção de um pouco de diálogo já chegou a esse escalão e é possível sentir algum efeito; isso é tudo a dizer. Acredito que no governo dos Estados Unidos há pessoas diferentes. Não sabemos como isso vai se manifestar, mas há um certo movimento na direção de algo mais aberto. Não digo que isso resolverá tudo; mas sustento que se a destruição for atenuada já será importante, pois a menos que isso aconteça não daremos tempo a que nada de novo surja: será tarde demais.

É possível que não haja respostas políticas apropriadas para os problemas mundiais. Todavia, o ponto importante não é a resposta – como acontece no diálogo, o que importa não são as opiniões específicas –, mas o abrandamento, a abertura mental e o exame de todas as opiniões. Se houver alguma forma de disseminar essa atitude, acredito que ela diminuirá o ritmo da destruição.

Dissemos que é crucial sermos capazes de compartilhar nossos julgamentos, nossos pressupostos e ouvir os dos outros. No caso de Einstein e Bohr, tais pressuposições não conduziram à violência nem eles a adotaram. Mas, de um modo geral, se alguém não der ouvidos aos seus pressupostos básicos, você verá isso como um ato de violência e se inclinará a ser violento. Portanto, esse aspecto é crucial tanto no plano individual quanto no coletivo. O diálogo é o modo coletivo de arejar julgamentos e pressupostos.

ALÉM DO DIÁLOGO

No entanto, devemos ter em mente que o diálogo – e tudo o mais de que falamos – não visa somente a resolver os males da sociedade, embora tenhamos de resolvê-los. Nós nos sairíamos muito melhor se não tivéssemos tais problemas. Contudo, se quisermos sobreviver e ter uma vida significativa, temos de enfrentá-los. Em última análise, porém, essa não é a história inteira. É só o começo. Afirmo que existe a possibilidade de uma transformação da natureza da consciência, tanto no nível individual quanto no coletivo e que, se ela puder ser feita cultural e socialmente, o diálogo terá um papel importante no processo. É o que estamos examinando.

É muito importante que façamos isso juntos, porque se um indivíduo mudar, essa modificação terá um efeito geral muito pequeno. Mas, se a mudança se der no plano coletivo, seu significado será muito maior. Se alguns de nós alcançássemos a assim chamada "verdade" e muitos outros fossem deixados de fora dela, o problema não seria resolvido. Teríamos outro conflito, como o que existe entre as diferentes facções da fé cristã, muçulmana e várias outras, mesmo sabendo-se que todas elas acreditam no mesmo Deus, no mesmo profeta ou no mesmo salvador.

Se não pudermos nos comunicar e compartilhar significados, o amor desaparecerá. A estima que havia entre Einstein e Bohr se evaporou aos poucos, porque eles não se comunicaram. Porém, se pudermos nos comunicar teremos cada vez mais companheirismo, participação, amizade e amor. Esse seria o caminho. A questão real é: você percebe a necessidade desse processo? Essa é a questão-chave. Se você se der conta de que ele é absolutamente necessário, então precisa fazer alguma coisa.

Talvez no diálogo, quando alcançarmos toda essa energia e coerência, o processo nos levará além de um simples grupo que procura resolver problemas sociais. É possível que haja novas mudanças nos indivíduos e uma alteração em relação ao plano mundial. Tal energia tem sido chamada de "comunhão". É um tipo de participação. Os cristãos antigos tinham uma palavra grega, *koinonia*, que é a raiz de "participar" – a ideia de compartilhar o todo e fazer parte dele; não apenas de todo o grupo, mas do *todo*.

3

A NATUREZA DO PENSAMENTO COLETIVO

Quais são os problemas do mundo? Eles parecem tantos que mal podemos começar a listá-los. Há guerras em curso, fome, tortura, pilhagens, doenças, todo tipo de truques sujos aplicados na política. Há uma espécie de polarização entre o Oriente e o Ocidente – este professa os valores do indivíduo e da liberdade, aquele adota os valores da sociedade coletivizada, na qual todos são tutelados. Há também a polarização Norte-Sul – o primeiro é mais rico do que o segundo. Há imensas dificuldades na África, na América e no sudeste da Ásia; existe uma enorme pobreza, endividamento, dificuldades econômicas e caos generalizado.

Com o avanço da tecnologia, há a possibilidade de que bombas nucleares talvez possam estar disponíveis a todos os tipos de ditador, mesmo em países relativamente pequenos. Existem armas biológicas e químicas e outras espécies de armamento que ainda não foram inventados, mas que certamente serão. Há também o perigo da destruição de terras agricultáveis e florestas, a poluição, as alterações climáticas e muitas outras coisas. Poderá haver um desastre ecológico em não muito tempo se as pessoas continuarem a fazer o que fazem. A criminalidade e a violência aumentam em toda parte – com drogas e assim por diante –, o que indica que as pessoas estão muito infelizes e insatisfeitas. Não é preciso aumentar essa lista; ela poderia se estender indefinidamente.

Por que aceitamos esse estado de coisas tão destrutivo, que produz tanta infelicidade? Parece que estamos, de alguma forma, mesmerizados. Continuamos com essa insânia e ninguém parece saber o que fazer ou dizer. No passado, costumava-se esperar pelo aparecimento de alguma solução via democracia ou socialismo ou algo mais, talvez a religião; mas esse estado mental esperançoso hoje está muito enfraquecido, porque não funcionou na prática. Sustento que no fundo disso tudo existe algo que não entendemos sobre o modo como funciona o pensamento.

No começo do processo civilizatório, o pensamento era visto como uma coisa muito valiosa. E ainda é: ele fez tudo aquilo de que nos orgulhamos. Construiu nossas cidades (suponho que não deveríamos nos orgulhar tanto delas). Produziu a ciência e a tecnologia, e tem sido muito criativo na medicina. Praticamente tudo do que se tem chamado de natureza foi classificado pelo pensamento. Ainda assim, ele também erra e produz destruição.

Isso se deve a uma determinada forma de pensar, a *fragmentação*, que despedaça as coisas como se elas fossem independentes umas das outras. Não se trata de fazer divisões, mas sim de quebrar coisas que na verdade não são separadas. É como pegar um relógio, esmagá-lo e reduzi-lo a fragmentos, em vez de desmontá-lo e examinar suas partes. Estas são partes de um *todo*, mas os fragmentos são apenas arbitrariamente amputados uns dos outros. As coisas que realmente se ajustam são tratadas como se não se ajustassem. Essa é uma das características do modo de pensar que vem dando errado.

No passado, as pessoas não perceberam isso e podem ter somente imaginado que "saber é poder" e que a ignorância é prejudicial. Todavia, há um certo perigo no conhecimento e no pensamento, ao qual ainda não demos suficiente atenção. O pensamento pode ter começado a dar errado há milhares ou dezenas de milhares de anos – não sabemos exatamente quando. Mas as novas tecnologias foram tão longe que ele se tornou realmente mortal. Se imaginarmos que aquilo que ocorre agora continuará por mil anos, o que acontecerá? Não haverá uma catástrofe atrás da outra? Portanto, com o desenvolvimento da tecnologia a humanidade está diante de uma enorme crise ou desafio. Temos de fazer algo em relação a esse processo de pensamento – simplesmente não podemos deixar que ele continue a nos destruir. Mas o que fazer? Não podemos dispensá-lo – é claro que não é possível prosseguir sem ele. Também não se pode separar todos os pensamentos destrutivos e excluí-los. Portanto, temos de nos aprofundar mais nessa questão. Não se trata de uma coisa óbvia: é algo muito sutil e profundo. Queremos ir até as raízes, à base, à fonte.

Imaginem um curso d'água que vem sendo poluído próximo de sua nascente. As pessoas que vivem rio abaixo não sabem disso e começam a remover a poluição aos poucos, na tentativa de purificar a água; mas com essa providência talvez acabem por introduzir outros tipos de poluição. O que tem de ser feito, pois, é examinar o rio inteiro e chegar à sua nascente.

Em algum ponto de sua origem o pensamento vem sendo poluído – eis a minha sugestão. A poluição é desviada para o leito do rio de modo contínuo. Num certo sentido, poderíamos dizer que o passo errado foi dado quando as pessoas começaram a despejar sujeira na água. Mas o ponto principal é que esse despejo é contínuo. Portanto, a origem da poluição não está numa determinada época, não em épocas muito antigas, quando ela pode ter começado; essa origem está sempre *no agora*. É isso que temos de investigar.

Eu acrescentaria que queremos *perceber* algo sobre o pensamento: não pretendemos apenas falar e pensar sobre ele. Queremos saber como o pensamento realmente funciona – para além das palavras. O que quero dizer é que o pensamento é um processo, e que temos de nos capacitar para prestar atenção a ele, do mesmo modo que observamos os processos externos do mundo material, do mundo que somos capazes de ver. Podemos não saber o que significa prestar atenção ao pensamento. Nem nossa cultura, nem praticamente qualquer outra são capazes de nos ajudar muito nessa tarefa, mas ainda assim ela é crucial. Tudo depende do pensamento – se ele funcionar errado, faremos tudo errado. Mas estamos tão acostumados a aceitar o pensamento como verdadeiro, que não lhe damos muita atenção.

Você pode argumentar: "Isso é grande demais para mim", e de certo modo é verdade. Em outro sentido, porém, afirmo que não é tão grande assim. Se você disser que a crise consiste somente nos fenômenos externos – aquilo que acontece no mundo –, trata-se de algo muito grande. É assim: imagine uma represa mal construída, que aos poucos vai se erodindo. E então ela subitamente se desfaz e aquela muralha de água desaba. Você não será capaz de fazê-la parar nesse momento. Mas a questão é outra: o que dizer de um processo que constrói um tipo errado de represa e a deixa entregue à erosão? O que acontece nas profundezas?

A crise real não está nos eventos com os quais deparamos, como as guerras, a criminalidade, as drogas, o caos econômico e a poluição; ela está no pensamento que produz continuamente tudo isso. Cada pessoa pode fazer alguma coisa em relação a tal pensamento, pois está nele. Porém, uma das armadilhas nas quais caímos é dizer: "São eles que pensam tudo isso; o meu pensamento é correto". Afirmo que se trata de um erro. Sustento que o pensamento *nos impregna*. É como um vírus – de certo modo, há uma doença do pensamento, do conhecimento, da informação, disseminada pelo mundo inteiro. Quanto mais computadores, rádios e televisões tivermos, mais rapidamente ela se espalhará. A espécie de pensamento que nos rodeia apodera-se de cada um de nós sem que sequer percebamos. Espalha-se como um vírus e cada um está a alimentá-lo.

Dispomos de um tipo de sistema imunológico que possa deter esse processo? A única forma de detê-lo é identificá-lo, reconhecer sua existência e examiná-lo. Se qualquer um de nós começar esse exame, observará a origem do problema. Ela é a mesma em todos nós. Podemos imaginar que a raiz do problema é que alguém "lá fora" pensa de modo errado – é o que muitas pessoas fazem. Mas essa origem é muito mais profunda; algo está errado na totalidade do processo do pensamento, que é coletivo, pertence a todos nós.

Um pressuposto-chave diz que nosso pensamento é exclusivo, individual. E é mesmo, até um certo ponto. Temos alguma independência, mas precisamos considerar tudo isso com mais cuidado. A questão é mais sutil do que discutir se o pensamento é ou não individual: precisamos perceber o que ele *realmente é,* sem pressuposições. O que de fato acontece quando pensamos? Estou tentando dizer que muito do nosso pensamento, em suas formas gerais, não é individual. Ele nasce na totalidade da cultura e nos impregna. Quando crianças, nós o absorvemos dos nossos pais, dos amigos, da escola, dos jornais, dos livros e assim por diante. Fazemos algumas modificações nele; escolhemos certas partes de que gostamos e rejeitamos outras.

Mesmo assim, tudo vem do geral. Essa estrutura profunda do pensamento, que é a fonte, a fonte perene, atemporal, está sempre lá. Não é que recuemos no tempo para descobrir sua origem: ela está em constante funcionamento. Essa estrutura profunda é que é o ponto comum, e é a ela que temos de chegar. Temos de entender que o conteúdo e a estrutura íntima do pensamento não são separados, porque a maneira como pensamos sobre o pensamento afeta a sua estrutura. Se pensarmos, por exemplo, que o pensamento vem da *nossa* individualidade, isso o afetará. Assim, precisamos examinar tanto o conteúdo quanto a estrutura.

Temos a sensação de que "sabemos" toda sorte de coisas, mas poderíamos dizer que talvez não sejamos "nós", mas sim *o conhecimento*, que sabe tanto. Sugiro que o conhecimento – que é pensamento – se mova de maneira autônoma: passa de uma pessoa para outra. Há todo um conhecimento acumulado à disposição da humanidade inteira, e os computadores também o compartilham. Esse conhecimento acumulado vem se desenvolvendo ao longo de muitos milhares de anos e inclui todo tipo de conteúdo. Sabe de todos esses conteúdos, *mas não sabe o que faz*: conhece-se a si mesmo erradamente. Vê-se como se não estivesse fazendo nada e, portanto, diz: "Não sou responsável por nenhum desses problemas. Apenas estou aqui para ser usado".

Todo esse pensamento, que se alicerça naquilo que cada indivíduo pensa, vem, é claro, da memória. Construímos o pensamento por meio da experiência, mediante a prática. Pensamos sobre a experiência e a organizamos, e assim ela vai à memória e se torna conhecimento. Parte desse conhecimento é habilidade que vem da prática – e isso também é uma espécie de memória, localizada em algum lugar do cérebro ou do corpo. É tudo parte de um único sistema.

É o que Michael Polanyi chamou de *conhecimento tácito* – aquele que não pode ser traduzido em palavras, mas que está lá. Sabemos andar de bicicleta, mas não sabemos explicar como o fazemos. Se uma bicicleta tende a cair, temos de voltá-la para a direção da queda para evitá-la. Existe uma equação matemática que mostra que o ângulo para o qual nos voltamos está de certo modo relacionado ao ângulo segundo o qual caímos. É isso que fazemos, *mas não pomos em prática a equação*. Nosso corpo executa incontáveis movimentos, que não podemos descrever, e faz com que o conjunto funcione. Esse é o conhecimento tácito. É um tipo de saber que adquirimos e sem o qual não podemos fazer nada. É a continuação do que aprendemos no passado. E assim temos a experiência, o conhecimento, o pensamento, a emoção e a prática – tudo num mesmo processo.

Além disso, nossa linguagem faz uma distinção entre "reflexão" e "pensamento". A reflexão implica o presente do indicativo – uma atividade em curso, que inclui sensibilidade crítica em relação ao que pode dar errado. Podem também surgir novas ideias e talvez, ocasionalmente, alguns tipos de percepções internas. O pensamento é o particípio passado disso tudo. Achamos que depois de ter pensado em algo o pensamento simplesmente se evapora, mas ele não desaparece: de algum modo, continua no cérebro e deixa traços. O pensamento age automaticamente, e por isso ele é a resposta da memória, do que foi feito no passado. Há, portanto, a reflexão e o pensamento.

Existe também a palavra *feeling* [sensação]. Seu presente do indicativo sugere o presente ativo; sugere que o sentimento está em contato direto com a realidade. Mas seria útil apresentar a palavra "sentido", e dizer que há "sentimentos" e o que foi "sentido", isto é, os sentimentos que foram registrados. Uma experiência traumática passada pode nos trazer muito desconforto quando a relembramos. Os sentimentos nostálgicos também vêm do passado. Muitos de nossos sentimentos na realidade vêm do passado: são os "sentidos" (*felt*). Entretanto, quando eles são apenas registros que recuperamos, não têm tanta significação. É o que ocorre quando constituem respostas a situações presentes, imediatas.

É muito importante perceber que nossa cultura nos dá indicações erradas sobre os pensamentos e o que foi sentido (os "sentidos"). Ela tende constantemente a considerar que se trata de coisas que devem ser separadas e que umas podem controlar as outras. No entanto, os pensamentos e o que foi sentido (*felt*) são um processo único, não coisas diversas. Ambos vêm da memória e nela provavelmente estão misturados. A memória também afeta o corpo e as sensações corporais. É possível produzir estados de estresse no corpo com base na memória de eventos estressantes. Portanto, quando a memória age, não é possível separar as funções intelectual, emocional, química e muscular, porque esse *conhecimento tácito é também um tipo de memória*, todos eles são.

Estudos oriundos da neurociência sugerem que o pensamento se origina em uma parte do córtex cerebral – nos lobos pré-frontais –, e que o centro emocional é mais profundo. Há um feixe muito espesso de fibras nervosas que os conecta, e dessa forma eles podem ser estreitamente relacionados. Há muitas provas de que o são. Consideremos o reflexo primitivo de lutar, fugir ou ficar imóvel. Havia um belo exemplo de como isso funciona nos dias atuais num programa de televisão que, entre outras coisas, mostrava, num aeroporto, um controlador de voo que estava irritado com seu chefe. O chefe o maltratava, mas ele não podia enfrentá-lo. Também não podia fugir, pois era obrigado a ficar ali. Por outro lado, também não podia simplesmente parar, imobilizar-se e não fazer nada. Enquanto isso, o cérebro derramava substâncias neuroquímicas no sistema, *como se ele estivesse sob ataque, numa selva*. Esse processo agitava o corpo e fazia com que ele funcionasse mal. Impedia também o pensamento racional, porque este requer um cérebro calmo e tranquilo. Quanto mais o controlador pensava, pior ficava: seus pensamentos o tornavam cada vez mais perdido e ele tinha ainda mais problemas.

Seria interessante rastrear a evolução e mostrar os passos que conduziram a tudo isso. Há uma teoria que diz que nosso "novo cérebro", que inclui o prosencéfalo (cérebro anterior) e o córtex, permite que se desenvolvam rapidamente processos complexos de pensamento. Portanto, esse cérebro não estabeleceu relações harmoniosas com o que existia antes. As funções cerebrais mais antigas, como as emoções e assemelhadas, podiam responder aos fatos imediatos do ambiente do animal: fugir, lutar ou imobilizar-se. Veio então a atividade desse novo córtex, que podia projetar imagens muito realistas e de todos os tipos. Mas o "velho cérebro" jamais aprendeu muito bem a diferença entre uma imagem e a realidade, *porque não precisava fazer isso:* jamais fora circundado por estruturas que produzissem muitas imagens. Era como um cão que nunca tivesse de imaginar outro cão quando não estava olhando para um deles.

Quando evoluímos para o chimpanzé – um chimpanzé pode pensar em outros chimpanzés, mesmo quando eles não estão presentes –, a *imagem* mental do outro animal produzia a mesma sensação dele em carne e osso. Essa situação começou a confundir o "novo cérebro", por causa do "lutar, fugir, imobilizar-se" vindo das substâncias neuroquímicas. O novo cérebro não podia pôr ordem nas coisas, e isso trouxe complicações para o cérebro antigo. Todas essas circunstâncias começaram a criar uma série de erros encadeados.

Assim, essa talvez seja uma das vias pelas quais chegamos ao ponto em que estamos. O fato importante a ser notado é que o meio ambiente em que vivia o cérebro antigo já não é a natureza, mas sim *o novo cérebro*, porque agora o mundo natural que percebemos é filtrado por ele. É claro que a civilização tende a piorar essa situação. À medida que ela se desenvolve, precisamos de sociedades maiores, com regras, autoridade, polícia, prisões, exércitos. Produzimos uma tremenda quantidade de estresse. Além disso, de um modo geral, quanto mais a civilização avança maior é o estresse. Tem sido assim por milênios, e ainda não resolvemos o problema do que fazer a esse respeito.

Você poderia perguntar: "Por que as pessoas não percebem isso com clareza? Parece que o perigo está muito presente, mas mesmo assim ele não é percebido". Elas não o percebem por causa desse processo de pensamento, que é tanto coletivo quanto individual. Os pensamentos e fantasias individuais e coletivas se infiltram na percepção. Os mitos são fantasias coletivas, e toda cultura tem seus mitos. Muitos deles permeiam a percepção como se fossem realidades. Isso ocorre de um modo diferente em todos nós, mas não percebemos. *Esse* é o fato: não percebemos o fato. Há uma ordem superior de fatos, que é nossa não percepção dos fatos diretos. Eis o fato do qual temos de partir.

Penso que podemos ter mais *insights* sobre a questão de por que os conceitos e imagens têm um efeito tão poderoso, se considerarmos com mais profundidade que o pensamento é capaz de proporcionar representações do que experienciamos. "Representação" é uma palavra muito apropriada aqui, porque ela significa "re-presentar" – apresentar outra vez. Assim, podemos dizer que a percepção *apresenta* algo, e que o pensamento o *representa* em termos de abstração.

Um mapa é um tipo de representação: é, obviamente, muito menos do que o território que representa. Mas essa abstração é vantajosa, porque focaliza o que pode ser importante para nossos propósitos e deixa de fora os detalhes desnecessários. É estruturada e organizada de tal forma que pode ser útil e relevante. Portanto, uma representação não é apenas um conceito – na verdade, é a reunião de um certo número de conceitos.

Outro exemplo seria o caso de alguém dar uma palestra. Forma-se na mente de quem ouve uma representação daquilo que é dito. Ao ouvir a descrição de alguma coisa, algum tipo de representação se formará em sua mente – na imaginação, talvez –, como se ela estivesse sendo percebida. Não será o mesmo que a própria coisa; será algo muito abstrato se comparado a ela. A descrição realçará certos pontos, que podem ser de interesse em relação à percepção original e assim por diante. Estamos constantemente a formar representações dessa maneira.

Mas o ponto-chave a notar é que essa representação não apenas está presente no pensamento ou na imaginação, mas também se funde com a percepção real da experiência. Em outras palavras, a representação se mistura à "apresentação", de modo que aquilo que é "apresentado" (como percepção) já é em grande parte uma "re-presentação": "apresenta outra vez". Teríamos então o que se poderia chamar de uma "rede de apresentação", que é o resultado dos sentidos, do pensamento e possivelmente de alguns *insights*. Tudo se reúne nessa rede. A maneira como experienciamos alguma coisa, portanto, depende de como a representamos – ou de como a representamos equivocadamente.

Você se autorrepresenta como nobre, capaz e honesto, e essa representação entra em sua autopercepção. É a maneira como você se autopercebe. Mas alguém pode ter outra representação – de que você é desonesto e estúpido – e isso também o penetra e afeta a sua autopercepção. Tudo isso abala a totalidade do sistema neurofisiológico de um modo muito perturbador. O pensamento se vê sob pressão para representar a situação com mais clareza – e então nos vemos no começo do autoengano.

Em geral, não notamos a conexão entre representação e apresentação – essa conexão de mão dupla. Parece que o pensamento não tem capacidade de perceber o que acontece. O processo é inconsciente, implícito, tácito – não sabemos exatamente como ele se dá. Mas podemos perceber que alguma coisa ocorre internamente, que faz com que o pensamento as misture. Imagine algumas informações vindo dos sentidos e sendo organizadas no cérebro; mas outra corrente de informações vem do pensamento e as duas se misturam. A rede de apresentações é o resultado dessa mistura.

É importante notar que não nos damos conta de que isso acontece. De um modo geral, a humanidade raramente percebeu esse fenômeno – se é que algum dia percebeu. Talvez algumas poucas pessoas o tenham notado, mas, no conjunto, seguimos em frente sem tal percepção. Não estou dizendo que esse processo é bom ou mau. O que há de errado não é sua ocorrência, mas o fato de que não nos damos conta dela.

Ainda assim, não poderíamos passar sem a conexão entre representação e apresentação. Para agir em relação a alguma coisa, não basta representá-la apenas na imaginação ou no pensamento. Você deve também senti-la presente em sua percepção. Tome o exemplo de uma floresta. Ela poderia ser representada como uma fonte de madeira a ser serrada, e apresentada a um madeireiro. Para um artista, ela seria algo que vale a pena pintar. Para alguém que quer fazer uma caminhada, a apresentação seria a de um lugar em que ele pudesse deliciar-se andando. Há incontáveis representações de uma floresta, que a *apresentarão* de várias maneiras.

O que não é representado como interessante em geral não prende o nosso interesse: não é representado como valioso e interessante e não é apresentado dessa maneira. Portanto, não atrai a atenção. Em algum caso, *devemos* representá-lo segundo o nosso interesse. E então poderemos dizer: "Precisamos representar isso de uma certa maneira para fazer alguma coisa". O interesse e a atenção serão então mantidos, enquanto estivermos atuando. Nada disso é errado. Na verdade, tudo é absolutamente necessário. A menos que algo seja apresentado assim, não é possível agir. Você não pode simplesmente atuar com base na representação abstrata da imaginação. Precisa agir com base na apresentação concreta.

No entanto, a falta de atenção a esse processo e sua percepção são cruciais. Se alguém disser: "As pessoas dessa categoria são más" e você aceitar, *a representação do pensamento penetra na apresentação da percepção*. Uma vez isso aceito, vai para o pensamento implícito, tácito. Na próxima vez em que você vir uma pessoa daquele tipo, a representação emergirá como uma apresentação. A "maldade" será percebida como inerente a esse indivíduo. Não é que você diga: "Sei que alguém me *disse* que essas pessoas são más, mas elas podem ser más ou boas. É melhor que eu as observe para ver". Em vez disso, o que elas "são" aparentemente "está lá". Doravante, você pensará como se o fenômeno fosse um fato independente – independente do pensamento.

O pensamento então começa a *mostrar-se* a si mesmo e a criar "fatos" que na verdade não o são. A raiz latina da palavra "fato" significa "o que foi feito", como na expressão "manufatura". Num certo sentido precisamos estabelecer fatos, mas essa espécie de fato é construída erradamente. São, por assim dizer, fatos não adequadamente manufaturados. São estabelecidos da maneira errada porque com eles misturamos alguns pensamentos, sem perceber que o fazemos. É necessário deixar que os pensamentos entrem nos fatos, mas falhamos quando não notamos que isso acontece. Se dissermos: "Isso é um fato 'puro', que simplesmente 'está lá'", daremos ao fenômeno um imenso valor e, no caso do nosso exemplo, argumentaremos: "Como você pode negar os fatos? Você pode ver que espécie de pessoas elas são".

É importante notar que a maioria de nossas representações se origina coletivamente, e que essa circunstância lhes dá um grande poder. Se todo mundo concordar com alguma coisa, essa concordância é tomada como uma prova de que ela está correta ou que poderia vir a sê-lo. Tal circunstância cria e exerce sobre nós uma pressão – não queremos sair do consenso. Isso significa que estamos o tempo todo sob pressão para aceitar uma determinada representação e percebê-la como a aceitamos. Por exemplo, o que chamamos de "eu" é representado de uma certa forma e, portanto, apresentado dessa mesma maneira. Tal representação é coletiva, no sentido de que as propriedades gerais do "eu" são determinadas coletivamente, e seus detalhes particulares de modo individual. O consenso é que temos um "eu", porque todas as evidências apontam para que o tenhamos. Está em nossa certidão de nascimento: recebemos um nome, estamos identificados. Em muitos países, há um cartão de identidade. Também temos contas bancárias, compramos terras, temos uma profissão e assim por diante. Tudo isso representa *o que somos* e, portanto, apresenta o que somos.

Outro exemplo seria um arco-íris – todos veem o mesmo arco-íris. Existe uma representação coletiva desse fenômeno – há um consenso sobre ele. Mas a física, que vê as coisas "literalmente", diz: "Não, não existe nenhum arco-íris. Há muitas gotículas de água, o sol está atrás de nós, é refletido e refratado e formam-se as cores. Ao ver isso, cada pessoa constrói sua percepção do arco-íris. Acontece que são percepções similares, e portanto todos pensam que estão olhando para o mesmo arco-íris". (Se adotar esse ponto de vista, você também pode argumentar que adota *a física* como realidade). O ponto central, portanto, é que muitas de nossas representações coletivas – um país, uma religião, a General Motors e o eu – são da mesma qualidade que o arco-íris.

Muitas das coisas que acreditamos serem sólidas são, na realidade, muito semelhantes ao arco-íris. Com efeito, não é errado ter essa atitude. A dificuldade surge porque não nos damos conta de que ela acontece e, em consequência, damos às representações o valor de fatos independentes. Se percebêssemos esse processo ele não produziria nenhum inconveniente. E então seríamos capazes de valorizar os fatos, fossem eles quais fossem. Em nossa abordagem atual, contudo, acontece-nos tomar "fatos" que têm um valor ínfimo e supervalorizá-los.

Aplicamos essa noção a casos muito simples, muitos dos quais nos são exteriores. Se formos mais longe e buscarmos torná-la mais clara, começaremos a perceber como ela funciona dentro de nós e entre nós – na comunicação e no diálogo. Perceberemos que a representação é crucial em nossa comunicação. Suponhamos que as pessoas, num grupo, falem de certas representações sobre aquilo com o que se parecem as outras pessoas ou aquilo com o que elas mesmas se parecem. À medida que o grupo se comunica, essas representações podem ser abaladas e mudam; mudam também as apresentações e, portanto, a totalidade dos relacionamentos. Nossas relações dependem de como apresentamos os outros a nós mesmos e vice-versa. E tudo isso depende das representações coletivas reais.

Quando as coisas correm bem, não há como saber se há algo errado – já construímos o pressuposto de que aquilo que acontece é independente do pensamento.

Quando as coisas são representadas e a seguir apresentadas dessa forma, não há como saber o que está acontecendo – pois isso já foi excluído. Você não pode dar atenção ao que está fora das representações. Há uma tremenda pressão para que você não o faça; é muito difícil fazê-lo. O único momento em que você pode estar atento é quando nota que há problemas – quando é apanhado de surpresa, quando há uma contradição, quando as coisas não funcionam como deveriam.

Entretanto, não queremos ver esse processo como um "problema", porque não fazemos ideia de como *resolvê-lo*. Não podemos projetar soluções. Uma de nossas representações é que tudo o que fazemos acontece no tempo. Projetamos uma meta e descobrimos os meios para chegar aos fins. Tudo no mundo é apresentado dessa maneira – como algo que poderia ser manejado assim. Devemos, pois, pensar nisso como uma questão ou uma dificuldade: perceber que as coisas não estão funcionando corretamente. Começaremos a nos dar conta de que isso é verdade, embora talvez ainda não sejamos capazes de modificar o processo. Porém, já principiamos a ter alguma espécie de *feeling* de onde estão os erros – isto é, que muito do que consideramos fatos não são realmente fatos.

Tudo isso implica um modo diferente de ver o mundo – implica que todas as nossas visões de mundo podem mudar. Vemos o mundo de acordo com as representações gerais e coletivas que circulam em nossas sociedades e culturas. Se estas puderem ser alteradas podemos mudar, porque o mundo nos será apresentado diversamente. Se você for-me apresentado como uma pessoa perigosa eu me retrairei; não posso evitar isso. Mas, se eu o representar diferentemente, a totalidade de minha abordagem se modificará. Além disso, temos de ter cuidado com as representações equivocadas. Diríamos: "Todos nos amamos, tudo está resolvido". Esse conceito seria apresentado e adquiriríamos um brilho agradável, que no entanto seria baseado numa representação errada. Mas isso não muda o fato de que qualquer mudança real da apresentação, qualquer alteração genuína, é uma mudança no ser.

Poderíamos considerar uma representação corriqueira em nossa sociedade, como "você tem de cuidar-se primeiro, tem de tomar cuidado; as pessoas são perigosas, não se pode confiar nelas" e assim por diante. Isso produzirá uma resposta não apenas dirigida para fora, mas também na dimensão interna. A neuroquímica também se alterará e surgirão tensões no corpo. É certo que o mundo é perigoso, mas observamos erradamente esse fenômeno. Ele é perigoso não por causa do perigo intrínseco das pessoas, mas por causa da representação errônea geralmente aceita. Precisamos perceber as razões corretas. Não devemos abordar as pessoas como intrinsecamente perigosas, mas como gente que é vítima de representações incorretas.

A mudança dessas representações abrirá caminho para outras modificações. Não digo que isso será fácil ou difícil – não sabemos –, mas que abrirá caminho, fará surgir uma nova perspectiva. Se pudermos aprender a perceber como o pensamento produz apresentações com base em representações, já não seremos enganados por esse fenômeno – é como se descobríssemos os truques de um mágico. Se não virmos o que o mágico faz, suas ações parecerão mágicas. Mas se tivermos um *insight* direto de seus truques, tudo mudará.

Muitos mundos são possíveis – tudo depende das representações, em especial as coletivas. Construir um "mundo" requer mais de uma pessoa; assim, as representações coletivas são a chave. Não basta que um único indivíduo modifique suas representações. Isso é ótimo, mas insisto que a mudança real acontece quando se alteram as representações coletivas.

4

O PROBLEMA E O
PARADOXO

Estivemos a examinar a vasta gama de problemas com os quais a humanidade se defronta. Eles continuarão a proliferar indefinidamente e, por último, levarão a distúrbios de âmbito mundial. Ao contemplar essa situação, às vezes temos a sensação de ser assolados por dificuldades que ultrapassam as possibilidades de resolução da inteligência humana e do esforço coletivo. Nessa massa de contradições e confusões, encontramos um denominador comum muito curioso: todos parecem concordar que aquilo que enfrentamos é um conjunto de problemas. De um modo geral, pode-se dizer que as pessoas ainda não descobriram se a palavra "problema", com tudo o que ela significa, descreve adequadamente o que há de errado nas questões humanas. Se buscarmos o significado da expressão, veremos que há boas razões para levantar essa questão. Suspeitaremos, então, que as tentativas de tratar nossas dificuldades atuais como "problemas" são um dos fatores mais importantes que impedem que tais dificuldades sejam eliminadas.

A raiz da palavra "problema" está numa expressão grega que significa "apresentar". Certamente esse não é o seu significado essencial, isto é: pôr em discussão ou questionamento uma ideia, com o objetivo de resolver certas inadequações. Assim, se alguém precisa chegar a um determinado destino, podemos sugerir-lhe que tome um trem, e discutiremos os problemas de chegar à estação a tempo, pagar a passagem etc. De modo semelhante, os barcos a vela foram considerados meios de transporte lentos e incertos. Por isso, os homens apresentaram a ideia de viajar em barcos a vapor, o que deu origem ao problema de como realizar essa ideia tecnicamente e pô-la em prática. De um modo geral, é claro que grande parte de nossas atividades práticas e técnicas estão centradas no trabalho de resolver uma ampla variedade de problemas.

Contudo, quando se dá a uma ideia a forma de problema, há certas pressuposições tácitas, implícitas, que devem ser satisfeitas quando se quer que a atividade faça sentido. Entre estas está, é claro, o pressuposto de que as questões levantadas são racionais e livres de contradições. Algumas vezes, sem perceber, aceitamos problemas absurdos com pressupostos falsos e autocontraditórios. No âmbito prático e técnico, contudo, em geral cedo ou tarde descobriremos que nossa questão é desarrazoada, e então descartamos o problema como "sem sentido". Assim, por um longo tempo procurou-se inventar uma máquina capaz de movimento perpétuo. Porém, com o desenvolvimento da ciência, tornou-se claro que esse propósito estava em contradição com as leis básicas da física e cessou a busca de tal máquina.

Tudo isso é razoavelmente claro no domínio prático e técnico. Entretanto, o que fazer quando se levam em conta problemas psicológicos e de relações humanas? Faz sentido formular problemas desse tipo? Ou será que esse domínio não está entre aqueles em que os pressupostos por trás das questões levam a indagações falsas, autocontraditórias e absurdas?

Consideremos, por exemplo, um homem que subitamente percebeu que é muito suscetível à bajulação. Ele poderia supor-se imune à lisonja. Nesse caso, teria obviamente o problema de como superar sua tendência a "cair" por qualquer pessoa que lhe dissesse o quão maravilhoso ele é. Não é preciso pensar muito, porém, para compreender que esse "problema" se baseia em pressupostos absurdos. Por exemplo, a origem do desejo de ser adulado é muitas vezes um profundo sentimento de inadequação, o qual é tão doloroso que a simples consciência de sua existência é amplamente reprimida, a não ser em certos momentos, em que críticas ou outras indicações semelhantes chamam a atenção para essa sensação desagradável.

Tão logo alguém vem e diz a essa pessoa que, afinal de contas, ele é bom, capaz, sensato, bonito etc., então o sentimento de dor reprimida desaparece e é substituído por uma sensação de prazer e bem-estar. Junto com ela vem a tendência a acreditar que lhe dizem a verdade, pois de outro modo é claro que não haveria essa liberação. Para "defender-se" do perigo de descobrir que nada disso é verdadeiro, essa pessoa está pronta para acreditar em tudo o que ouve; e assim, como é bem sabido, ela se abre à possibilidade de ser usada pelos outros de incontáveis maneiras.

Em essência, o que há de errado na bajulação é uma espécie sutil de autoengano. Se a pessoa do nosso exemplo fosse situar o "problema" de como poderia parar de se autoenganar, o absurdo dessa atitude se tornaria autoevidente. Pois é claro que, mesmo se ela tentasse com afinco e fizesse um esforço para superar essa tendência ao autoengano, o próprio esforço seria contaminado pelo desejo de uma liberação da dor que, em primeiro lugar, está na origem da tendência. Assim, é quase certo que ela se autoenganará a respeito da questão de se superou ou não o autoengano.

De um modo geral, pode-se dizer que, quando algo dá errado psicologicamente, descrever a situação como um "problema" só cria confusões. Em vez disso, seria melhor dizer que estamos diante de um *paradoxo*. No caso do homem suscetível à bajulação, o paradoxo é que ele aparentemente conhece e compreende a absoluta necessidade de ser honesto consigo próprio. Mas mesmo assim sente uma "necessidade" ainda mais forte de se autoenganar quando isso o ajuda a libertá-lo de um sentimento insuportável de inadequação, e pôr em lugar dele uma sensação de conforto e bem-estar.

Nesse caso, o necessário não é um procedimento que "resolva esse problema". É melhor fazer uma pausa e dar atenção ao fato de que, no caso do nosso exemplo, o pensamento e os sentimentos são completamente dominados por demandas autocontraditórias ou "necessidades". Na presença delas, não haverá como pôr as coisas no lugar. São necessárias muita energia e seriedade para manter a atenção voltada para esse fato, em vez de "escapar" e permitir que a mente se projete em outro assunto ou, de outro modo, que ela perca a percepção do que realmente acontece. Essa atenção vai muito além do meramente verbal ou intelectual, e pode trazer à luz as raízes do paradoxo. E assim ele se dissolve, quando sua nulidade e absurdo são claramente vistos, sentidos e compreendidos.

É preciso destacar, entretanto, que, enquanto um paradoxo for tratado como problema, ele jamais poderá se dissolver. Ao contrário, o "problema" nada mais fará do que aumentar e proliferar, numa confusão sempre crescente. Pois uma característica essencial do pensamento é o fato de que, quando a mente aceita um problema, considera-se adequado que ela se mantenha ativa até que seja encontrada uma solução. Essa característica é necessária ao pensamento racional. Desse modo, se uma pessoa estivesse diante de um problema real (por exemplo, a necessidade de obter comida), e o descartasse antes que fosse resolvido, o resultado poderia ser desastroso. Em qualquer caso tal modo de agir indicaria uma leviandade doentia ou falta de seriedade. Por outro lado, se a mente tratasse os paradoxos como se fossem problemas reais, ficaria sempre prisioneira deles, pois os paradoxos não têm solução. Cada solução que surgisse seria considerada inadequada e só levaria a novas questões ainda mais confusas.

Dessa maneira, paradoxos que se enraizaram muito cedo (por exemplo, os originários de situações em que a criança é levada a sentimentos de inadequação) podem continuar ao longo de toda a vida. Mudarão sempre em termos de detalhes, ficarão cada vez mais confusos, mas em essência permanecerão os mesmos. E, quando alguém se conscientiza dos distúrbios de sua mente mas os descreve como problemas, esse passo torna suas atitudes em relação aos paradoxos mais intensas e mais confusas. É óbvio, portanto, que é importante perceber a diferença entre problemas e paradoxos e reagir a cada caso de uma forma adequada.

Essa distinção é importante, não só psicologicamente para o indivíduo, mas também para as relações humanas e, em última análise, para o estabelecimento de uma ordem apropriada na sociedade. Conclui-se daí que é errado descrever desencontros nas relações humanas como problemas. Por exemplo, hoje se sabe que pais e filhos não podem se comunicar livre e facilmente. O paradoxo é que todos os interessados parecem estar conscientes de seus atributos humanos comuns e de sua interdependência, o que implica a necessidade de abertura mútua. Na verdade, porém, cada pessoa sente que suas "necessidades" particulares são ignoradas ou rejeitadas pelas demais; por isso se sentem "feridas", e reagem com um "mecanismo de defesa" que as impede de ouvir o que os outros querem dizer.

Um paradoxo semelhante funciona no todo da sociedade entre grupos etários, etnias, classes sociais, nações etc. Consideremos a tendência prevalente para o nacionalismo. Em cada nação, as pessoas aparentemente entendem a necessidade da sensibilidade e da honestidade nas comunicações. Apesar disso, quando a nação está em perigo, a reação de medo e agressividade é tão forte que todo mundo fica imediatamente pronto para deixar de tratar o inimigo como humano (por exemplo, cada lado está preparado para usar bombas, matar as crianças do outro lado, embora individualmente se horrorizem com a ideia da mortandade infantil). Em casa, as pessoas aceitam a censura implícita em tomar o falso como verdadeiro, pois acreditam que esse autoengano é necessário para a sobrevivência do país. Desse modo, o nacionalismo se baseia num paradoxo e, portanto, não há nenhum sentido em tratá-lo como um problema. O absurdo dessa atitude se torna evidente quando surge a questão de como é possível estarmos preparados para aniquilar crianças de outros países e, apesar disso, amar as crianças de nossa própria nacionalidade.

Essa questão não tem resposta, e qualquer tentativa de descobrir uma só pode conduzir a mais confusão. É necessário que as pessoas estejam atentas de maneira séria e continuada aos padrões paradoxais que dominam seus pensamentos e sentimentos. Tais padrões vão bem além das questões relativas à sociedade e às relações interpessoais. Estão presentes na totalidade do pensamento e da linguagem dos seres humanos. Dado que tudo o que fazemos se origina e é formatado por nossa maneira de pensar e comunicar, os padrões baseados em paradoxos tendem a trazer confusões em todas as fases da vida.

Em essência, esse conjunto de padrões pode ser considerado oriundo de um certo paradoxo-raiz. Para ajudar a trazê-lo à tona, deve-se primeiro considerar que em geral o pensamento tem como conteúdo algum objeto ou estado de coisas externo. Por exemplo, pode-se pensar em cadeiras, casas, árvores, tempestades, na Terra em sua órbita etc. Todas essas coisas e situações compartilham a característica de ser essencialmente independentes do processo de pensamento que se passa em nossa mente. Ao mesmo tempo, tal processo, em sua essência, independe de conteúdos. Isto é, nossos pensamentos são livres para tomar um determinado conteúdo, ou deixá-lo e tomar outro que nos pareça ser mais importante.

É evidente que essa relativa independência do pensamento, no que se refere ao conteúdo, é apropriada quando pensamos sobre questões práticas e técnicas. Contudo, quando um indivíduo começa a pensar em *si mesmo*, em especial sobre seus pensamentos e sentimentos, se observar com cuidado, descobrirá que essa postura conduz a um padrão paradoxal de atividade. O paradoxo é que, ao passo que uma pessoa trata seus pensamentos e sentimentos como algo separado e independente, é claro que tal separação e independência não podem existir na realidade.

Voltemos ao caso do indivíduo suscetível à bajulação por causa da memória reprimida de um sentimento doloroso de inadequação. Essa memória faz parte de seu pensamento e vice-versa. Todos os seus pensamentos subsequentes são condicionados pela memória, e assim ele aceitará o falso como verdadeiro se isso parecer aliviar, mesmo temporariamente, o sentimento doloroso recordado. Dessa forma, o processo do pensamento não é separado ou independente de seu conteúdo. Quando essa pessoa tentar controlar ou superar sua tendência ao autoengano, cairá no "paradoxo-raiz", isto é, na ilusão de que a *atividade* do seu pensamento é controlada pela própria coisa que ele aparenta controlar.

Ao longo das eras, os humanos em geral se deram conta de que o sentimento e o pensamento são contaminados pela ganância, violência, autoengano, medo, agressividade e outras formas de reação que levam à corrupção ou à confusão. Na maior parte dos casos, todavia, tudo isso tem sido visto como um problema e por isso os homens têm buscado, por meio de inúmeros expedientes, superar ou controlar os distúrbios em sua própria natureza. Por exemplo, todas as sociedades instituíram um conjunto de punições destinadas a amedrontar as pessoas para que elas se comportem corretamente. Além do mais, há uma série de recompensas cujo objetivo é seduzi-las para o mesmo fim.

Dado que tudo isso já comprovou sua ineficiência, os homens organizaram sistemas morais e éticos, juntamente com noções religiosas, na esperança de que pudessem capacitar as pessoas a controlar espontaneamente seus pensamentos e sentimentos "errados" ou "maus". Mas essas providências também não produziram os resultados desejados. Na verdade, considerando-se que os distúrbios da natureza humana são o resultado de paradoxos, nenhuma tentativa de tratá-los como problemas pode pôr fim a essa situação.

Nos dias atuais, a humanidade está às voltas com o aumento, em velocidade quase explosiva, de toda sorte de dificuldades cuja origem é a tentativa de tratar seus distúrbios de pensamento como se fossem problemas. Por isso, mais do que nunca, é urgente que estejamos atentos não apenas aos aspectos exteriores desse estado de coisas, mas também à nossa obtusidade e falta de percepção interna, que fazem com que deixemos de observar o paradoxo pensamento/sentimento, do qual nasce a confusão externa. Cada ser humano precisa se dar conta de que os pensamentos e ideias que tende a identificar com o seu "eu mais profundo" estão totalmente envolvidos nesse paradoxo. A mente que se deixar apanhar por ele cairá inevitavelmente no autoengano, o qual se destina à criação de ilusões que, na aparência, aliviam a dor resultante das tentativas de prosseguir vivendo em autocontradição. Uma mente assim não conseguirá perceber os relacionamentos individuais e sociais como eles realmente são. Descobrirá que as tentativas de "resolver os próprios problemas" e "resolver os problemas da sociedade" disseminam a confusão já existente, em vez de eliminá-la.

É claro que não quero dizer que todo o trabalho para o estabelecimento da ordem na vida do indivíduo e da sociedade deva ser descartado, e que devamos nos concentrar nos distúrbios mentais que impedem o fim de nossas dificuldades. O trabalho voltado para dentro e o orientado para fora andam de mãos dadas. Mas é preciso ter sempre em mente que, ao longo de séculos de hábito e condicionamento, nossa tendência prevalente é supor que "basicamente estamos todos certos", e que nossas dificuldades em geral têm causas externas que podem ser tratadas como problemas. E, mesmo quando notamos dificuldades no plano interno, nosso hábito é supor que podemos apontar, de maneira razoável e indiscutível, aquilo que está errado ou que falta em nós mesmos – como se fosse algo diferente ou independente da atividade do pensamento, com a qual formulamos o "problema" de corrigir o que está errado.

Como vimos, no entanto, o próprio processo de pensar, com o qual examinamos nossos "problemas" pessoais e sociais, está condicionado e controlado pelo conteúdo do que ele parece examinar. E assim, em geral esse exame não pode ser livre e nem mesmo honesto. É necessária, pois, uma atenção intensa e profunda que vá além das imagens mentais e da análise intelectual do nosso confuso processo de pensamento, e que seja capaz de penetrar nos pressupostos e sensações contraditórios em que se origina essa confusão. Tal atenção implica que estejamos preparados para apreender os muitos paradoxos que se autorrevelam no cotidiano de nossas vidas, em nossas relações sociais de escala mais ampla e, por fim, no pensamento e no sentimento, que parecem constituir o eu mais íntimo de cada um de nós.

Em essência, precisamos continuar com a vida em sua totalidade, mas atentar de maneira continuada, séria e cuidadosa para esse fato: como resultado de séculos de condicionamento, a mente muitas vezes tende a ser apanhada por paradoxos e a confundir com problemas as dificuldades que disso resultam.

5

O OBSERVADOR E O OBSERVADO

Normalmente não notamos que nossos pressupostos afetam a natureza de nossas observações. Mas eles influenciam o modo como vemos as coisas, a maneira como as experienciamos e, em consequência, o que queremos fazer. De certa forma, vemos *através* dos nossos pressupostos como se eles fossem um filtro. Num certo sentido eles podem ser considerados um observador. O significado da palavra "observar" pode ser obtido definindo "observação" como "colher com o olho", e "ouvir" como "colher com o ouvido". Quando estamos numa sala, tudo é colhido junto e chega às pupilas dos olhos, à retina e ao cérebro; ou também pode vir pelos ouvidos. É o observador quem colhe: ele seleciona e reúne as observações/informações importantes e as organiza sob a forma de significados e imagens. Essa seleção é feita pelos pressupostos do pensamento. De acordo com o que pressupormos, coletaremos certas informações como importantes e as reuniremos de um determinado modo, segundo uma determinada estrutura.

Portanto, os pressupostos funcionam como uma espécie de *observador*. Quando observamos, nos esquecemos disso. Olhamos sem levar em conta esse fato. Mas esse "observador" afeta profundamente o que é observado e a recíproca é verdadeira – na realidade a separação entre eles é mínima. Se as emoções são o que é observado, os "pressupostos observadores" obviamente são afetados pelas emoções e vice-versa. Por outro lado, se dissermos que as emoções são o observador e determinam o modo como as coisas são organizadas, os pressupostos serão aquilo que se observa. Em qualquer dos casos, o observado é influenciado pelo observador e vice-versa. Na realidade eles formam uma circularidade, um processo. Separá-los não faz sentido.

Se, por outro lado, observo uma cadeira na parte oposta da sala, o que está errado em mim não é muito afetado por esse móvel; e o que está errado nele não é muito influenciado por mim. Nessa hipótese, poderíamos dizer que o observador é significativamente diverso do observado. Entretanto, quando examinamos nossos próprios pensamentos e emoções, o caso é diferente. De maneira semelhante, quando olhamos para a sociedade ou para outra pessoa, o que vemos depende de nossos pressupostos e teremos uma reação emocional, vinda daquela pessoa, que nos penetra e influencia o modo como vemos as coisas.

Portanto, num dado cenário a distinção entre o observador e o observado não pode ser sustentada ou, como dizia Krishnamurti, o observador *é* o observado. Se não juntarmos os dois – se não ligarmos os pressupostos às emoções –, tudo dará errado. Se digo que vou examinar minha mente, mas não levo em conta meus pressupostos, a imagem está errada, pois são *os pressupostos que examinam*. Esse é um problema comum da introspecção. Se você disser: "Vou olhar para dentro de mim mesmo" e não olhar para seus pressupostos, na realidade estes é que estarão olhando.

Imagine um programa de televisão sobre o observador e o observado. Haveria uma pessoa que seria o observador e outra que seria o observado. Elas se movimentariam de modo que uma observasse cuidadosamente a outra, que por sua vez se sentiria um tanto desconfortável por ser observada. E você teria a sensação de que o observador estaria a olhar para o observado. Na mente, ocorre um processo semelhante: o pensamento produz a imagem de um observador e a imagem de um observado; ele (o pensamento) se coloca dentro do pensador, que produz o pensamento e faz a observação. Ao mesmo tempo, ele projeta seu ser no observado, como em geral fazemos em relação ao corpo.

Da mesma forma que posso observar a sala em que estou, também posso observar o meu corpo. Mas também sei que *sou* o meu corpo e experiencio essa condição de outra maneira, por meio de sensações. Essa experiência é reproduzida internamente por meio da imaginação e da fantasia, como no caso da dupla observador-observado. E, como acontece com o corpo, essa circunstância é sentida como uma realidade – a realidade do eu.

Esta é uma sugestão de como tudo isso pode funcionar – de como o pensamento acabou por atribuir a si mesmo a imagem de um observador, de um pensador. Tal atribuição lhe dá uma autoridade muito maior que, aparentemente, vem de um *ser* que deve saber o que pensar. Por outro lado, se isso ocorresse só mecanicamente, tal ser não seria mais significativo do que um computador. E se você imaginar que há um pequeno ser dentro de um computador, este também adquiriria uma autoridade muito maior.

Consideremos o caso de um deficiente visual com sua bengala branca. Se ele a segurar com firmeza enquanto tateia, sentirá que a bengala é "ele" – perceberá que entra em contato com o mundo por meio da ponta de seu bastão. Mas se segurar a bengala frouxamente, esta não será "ele": sua mão é que o será. Nesse caso, porém, o indivíduo poderá pensar, "minha mão não sou eu"; "quero movimentar *a minha* mão". Portanto, existe algo bem mais interior – que ainda não sou eu – responsável pelo movimento da minha mão. Então, o indivíduo continuará a se aprofundar cada vez mais nele mesmo e, enquanto o faz, dirá: "Isso não sou eu, isso não sou eu; observo essas coisas, mas elas não são essenciais a mim". Ele pode ter a sensação dos órgãos internos, dos músculos e ainda assim pensar: "Eu não sou nada disso, preciso procurar em outro lugar ainda mais profundo". E assim continuará a descascar a cebola plano por plano até chegar à própria essência, ao centro onde em algum espaço poderia estar o seu "eu". Num determinado ponto, ele poderia dizer: "Deve existir algum 'eu' essencial, muito profundo, que observa tudo". Eis o modo como as pessoas pensam. Todo mundo pensa assim.

Todavia, digo que o pensamento é um sistema que pertence à totalidade da cultura e da sociedade, que evolui ao longo da história e criou a imagem de um indivíduo que, pretensamente, é a fonte do pensamento. É isso que dá a sensação de um indivíduo percebido e experienciado. O que nos leva ao próximo passo, no qual o pensamento reivindica que só ele pode dizer como as coisas são e, com base nisso, decidir o que fazer com as informações – ele escolhe. Esse foi o quadro que aos poucos emergiu: o pensamento nos diz como as coisas são e então "decidimos" como agir com base nessa informação.

Você pode olhar para isso tudo, tentar raciocinar e perceber o que está errado. Começa a duvidar, e diz: "Seja o que for que estiver por trás disso, é duvidoso". Com muita frequência, porém, suas primeiras perguntas conterão as próprias pressuposições que devem ser postas em dúvida. Como exemplo, posso questionar alguma crença, mas faço o questionamento por meio daquilo que equivale a outra crença. Assim, você tem de ser sensível à totalidade do que faz. O que ocorre é que parece que há um "duvidador" que duvida. Em algum lugar, "nos bastidores", há alguém a observar o que está errado, mas que *não está sendo observado*. As coisas "erradas" que ele procura estão nele mesmo, porque lá é o lugar mais seguro para escondê-las. Esconda-as no próprio buscador e ele jamais as achará.

6

A SUSPENSÃO DE PRESSUPOSTOS, O CORPO E A PROPRIOCEPÇÃO

Nossa tentativa é ir mais fundo, ir à própria essência da totalidade do processo que está por trás do eu ou do observador. Em geral, nossa dificuldade – tanto para ouvir quanto para olhar – é que, se existe a audição por meio de um "ouvinte", não somos nós que ouvimos. Alguma parte nossa dá um passo para trás e ouve o resto. Se há audição sem ouvinte, ela é similar à observação sem observador. Todos podem fazer isso em certas ocasiões – você faz alguma coisa e não se vê a fazê-la. Simplesmente a executa. Mas em outros momentos você acha difícil fazer isso. E então chegamos à questão do que é necessário para observar com profundidade, para que você possa olhar para você mesmo sem um "espectador", ou ouvir a si próprio ou às outras pessoas sem um "ouvinte".

O primeiro ponto a considerar é: o que olharemos e o que ouviremos em relação a essa questão? Falemos, por exemplo, sobre agressão e resistência. Se uma pessoa é agressiva, ela primeiro age – pode agir fisicamente, por meio de palavras ou com gestos. Não sabe que está agindo enquanto o faz. Não sabe que está sendo agressiva, apenas pensa, "estou certa", ou "fui atacada, isso é necessário". Não se vê como agressora. Mas em algum instante essa pessoa percebe o que acontece. E pensa: "Sou agressivo, não devo ser assim". Isso inibe a ação, o que significa que agora ela volta a agressão contra si mesma. Então, não houve mudança. O observador da agressão foi permeado por ela.

Existe outra ação que consiste em nem pôr a agressão em prática nem voltá-la contra si mesmo inibindo-a. Em lugar disso, você pode *suspender* a atividade e permitir que ela se revele, desabroche, se desdobre. Dessa forma, a agressão fica visível em sua real estrutura dentro de você. Os movimentos ocorrem em sua interioridade (as sensações físicas): os batimentos cardíacos, a pressão sanguínea, o modo como você respira, a maneira como seu corpo se sente tenso; e há também os pensamentos que ocorrem em paralelo com essas sensações. Você pode observar todos esses fenômenos e como eles se ligam uns aos outros. Em geral, todas essas sensações e reações corporais são tomadas como uma coisa só e os pensamentos como outra, sem conexão. Mas, se você se conscientizar de que há uma ligação, fica mais claro que não se trata de fenômenos independentes entre si.

A espécie humana não costuma fazer muitas suspensões de pressupostos como essa. Acredito que existe um potencial natural para tanto, mas não o desenvolvemos com a intensidade necessária. Nosso desenvolvimento tem sido orientado para respostas imediatistas e impulsivas, o que favorece a violência. Por exemplo, com frequência você se vê em situações nas quais acha que uma reação violenta vale a pena. Ou pode dizer: "A sociedade diz que não devemos ser violentos. Vou tentar". Enquanto isso, porém, conserva os pensamentos que o tornam violento. Seja qual for o caminho tomado, não chegará a lugar nenhum.

Por isso a violência tende a aumentar. Ela faz parte do "programa" da memória. Quanto mais violento você for, mais implementará o programa mental para a violência, e assim ele se tornará cada vez mais automático. Acho que esse é um fator da maior importância. Existe também um fator hereditário, que nos faz ter certa tendência a responder com a força em situações em que deveríamos suspender nossos pressupostos. No entanto, mesmo na selva a força não é necessária o tempo inteiro. Na maioria dos casos, o que é preciso é suspender. A força só é necessária ocasionalmente. Para sobreviver neste mundo, você deveria aprender a suspender seus pressupostos.

No processo de suspensão, é possível notar duas coisas. Primeiro, que as reações físicas são produzidas pelo pensamento e, portanto, que elas não são tão significativas como seriam se não o fossem. O tremendo estado de excitação do seu corpo, que parece ser uma das razões que o levam a fazer algo, não seria tão importante se você suspendesse seus pressupostos. Segundo, você pode obter provas diretas de que os pensamentos afetam os sentimentos e vice-versa *sem que isso passe pelo "eu"*.

Em geral, pensa-se que a única conexão entre pensamentos, sentimentos e ações é a entidade central que faz e experiencia tudo. Essa ideia propõe que tudo está conectado, e é por isso que se acredita que a "entidade central", o "eu", é tão importante: tudo passa por ele, que é a fonte, o núcleo. Mas na realidade podem-se obter provas de que os pensamentos e os sentimentos se movem como processos autônomos: não são coordenados por um "eu". Não são produzidos por esse "eu" nem por ele experienciados.

Há, todavia, um tanto de autorreferência que faz parte da totalidade do sistema. Há o que se denomina de *propriocepção ou autopercepção*. Fisicamente, uma pessoa percebe de imediato quando move uma parte de seu corpo. Se alguma força externa movesse subitamente o seu braço, você seria capaz de diferenciar esse movimento do produzido por você mesmo. Os nervos são feitos de tal maneira que percebem isso. Nessa linha de raciocínio, vimos o caso da mulher que ao acordar teve a impressão de ser atacada por alguém. Quando a luz foi acessa, contudo, ela estava se autoagredindo. Seus nervos sensitivos haviam sido danificados, mas os motores continuavam intactos; por isso, ela não tinha como saber que batia em si própria. Em consequência, presumiu que algo a estivesse atingindo, e quanto mais lutava contra esse "assaltante" mais se autoagredia.

Portanto, existe propriocepção no corpo – a distinção entre as ações que nele se originam e as que vêm de fora é percebida como uma diferença funcional. À luz desses conhecimentos, é natural que tenhamos a ideia de que o eu é uma espécie de centro e o corpo é um núcleo de atividades. É óbvio que esses fenômenos também existem nos animais, que são capazes de diferenciar o que vem de dentro do que vem de fora. Assim, podemos dizer que a noção de "eu" não pode ser inteiramente errônea, do contrário ela provavelmente jamais teria surgido.

Eis a questão: como é que essa distinção natural e útil se transformou nas contradições do eu? Algo que era correto e útil se tornou errado. O pensamento não tem propriocepção e de alguma forma temos de aprender a observá-lo. No caso da observação do corpo, pode-se verificar a propriocepção *mesmo quando não existe a sensação de um observador distinto*. Será que o pensamento pode, de modo semelhante, se auto-observar, perceber o que faz, talvez despertando com isso algum tipo de consciência que, por meio da atenção, nos diga o que ele é? Nesse caso, ele poderia se tornar proprioceptivo: saberia o que faz e não criaria confusões. Se eu não souber o que faço ao praticar alguma ação física externa, tudo dará errado. É claro que, quando alguém não sabe o que faz, cria confusões. Assim, olhemos mais longe – primeiro para a suspensão e em seguida para a propriocepção.

Quero ressaltar, mais uma vez, que com raiva, violência e medo, mesmo com todas essas coisas, pode haver suspensão. Se suspendermos a raiva, veremos que ela abriga certos pensamentos e pressupostos que a perpetuam. Se os aceitarmos, ficaremos irritados. Ou poderíamos dizer: "Eu não deveria me irritar. Na verdade, não estou com raiva". E assim perderíamos a percepção da raiva enquanto estivéssemos com ela, o que equivaleria a abrir mão da atenção e da percepção. E continuaríamos a ser violentos. O que é necessário não é reprimir a percepção da raiva, nem suprimi-la ou manifestá-la na prática, mas em vez disso suspender tudo isso numa espécie de ponto instável – como no fio de uma faca – de modo a poder observar a totalidade do processo. É isso que é necessário.

Dessa maneira, eis o primeiro ponto: é possível suspender a ação sem suprimi-la? Se você achar que não é possível, *observe o processo da supressão sem suprimir a supressão* – sem dizer a você mesmo que não está suprimindo. Além disso, você pode descobrir que há um observador que suspende a ação. Você então observa a supressão – observa que há um *esforço* para suspender a ação. Eis o ponto central: não existe receita para fazer isso. Não sugiro nenhuma fórmula ou prescrição, mas sim o ponto de partida para uma investigação. Não podemos saber com exatidão aonde ela levará. Talvez você descubra que não pode deter o processo. Nesse caso, porém, descobrirá que há alguma outra coisa que está fazendo e, num dado momento, descobrirá algo que pode ser suspenso. Nesse ponto, perceberá que pode realmente olhar.

Outra abordagem seria você ter uma explosão de raiva e depois se acalmar. A raiva arrefece, mas continua presente. Você a põe em estado latente porque surge algo mais importante, mas ela ainda está lá, pronta para emergir. Você pode fazer com que ela venha à tona *de propósito*, ao tentar encontrar as palavras que expressam as razões de sua irritação. Pode revisar seus pensamentos e, quando achar um que seja muito forte – a lembrança de alguém que o amedrontou ou magoou, por exemplo –, observe o que acontece. É muito mais difícil do que observar um pensamento menos intenso.

Por trás da mágoa está um pensamento prévio que diz: "Não estou magoado, estou muito bem". Tudo depende daquilo com que você deve lidar: "Meus amigos devem pensar em mim de uma certa forma; isso deve ser dessa maneira (e assim por diante), e então eu posso me sentir razoavelmente bem". Está lá, no fundo. Não é consciente, mas lá está. E então alguém diz: "Você é um idiota, você não vale nada". Esse novo pensamento produz maus sentimentos e é chocante. No começo, você não sabe do que se trata. Mas observe. O conteúdo do pensamento que está por trás disso é: "O que aconteceu?".

Você então começará a notar que situações assim são habituais. Você se diz magoado e sua explicação se manifesta sob a forma de dor. Dado que se trata de algo importante, a dor é muito intensa. Tudo isso acontece num lampejo – a maquinaria foi montada e explodiu. Se você não puder observá-la no instante em que o fenômeno acontecer, pode fazê-lo depois – pode lembrar-se dele. Recordá-lo por meio de palavras: revisar as palavras que o magoaram e ver o que aconteceu.

Descobrirá então que as palavras que primeiramente o magoaram, o magoarão outras vezes. Verá como isso acontece. Descobrirá todos os tipos de pensamentos subsidiários, como "confiei nele e fui traído", ou "dei-lhe tudo e vejam o que ele faz". Há milhões desses pensamentos. A coisa certa a fazer é encontrar as palavras que expressam o que acontece, não com o objetivo de descobrir o seu conteúdo, mas com o propósito de perceber o efeito que elas fazem. Há uma diferença entre pensar *sobre* a mágoa e *pensar a mágoa*. Pensar *sobre* a mágoa significa dizer que ela está "lá fora", como se fosse uma mesa, a respeito da qual formamos abstrações. Com isso nada faço, porque a mágoa não é como uma mesa – a mágoa *sou eu*. A outra maneira é *pensar a mágoa*, o que implica penetrar no pensamento e deixar que ele produza o que tiver de produzir: deixar que ele pare no corpo e na consciência, não suprimi-lo nem pô-lo em prática. Suspenda a atividade em ambas as direções, simplesmente deixe que ela se revele por si mesma e perceba-a.

Para conseguir uma imagem mais clara do significado da propriocepção, discutirei primeiro a coerência, a incoerência e o processo tácito do pensamento. Incoerência significa que suas intenções e seus resultados não concordam. Sua ação não está de acordo com sua expectativa. O que você tem, nesse caso, é contradição, confusão e autoengano, o qual é uma tentativa de escondê-las. Um certo grau de incoerência é inevitável, porque o conhecimento não é perfeito. Todo conhecimento é limitado porque é uma abstração do todo. Consiste apenas naquilo que você aprendeu até um determinado ponto. Essa limitação dá ao conhecimento a possibilidade de ser incoerente.

A incoerência se revela quando o conhecimento é aplicado, quando você age com base nele. Ela também pode se manifestar quando você tenta elaborar algo por meio do conhecimento. Se sua atitude for adequada, você dirá: "Está bem. Reconheço a incoerência. Vou renunciar ao meu conhecimento passado. Deixe-me descobrir". Descobrirá o que está errado e o mudará. Mas se você defender esse conhecimento, tomará a trilha equivocada. Não há razão para defender o conhecimento, mas as pessoas são surpreendidas o tempo todo a defendê-lo.

Por outro lado, sentimos a coerência como ordem, beleza e harmonia. Mas, se alguém procurar somente por ordem, beleza e harmonia, começará facilmente a se autoenganar e dirá que tudo funciona às mil maravilhas – que tudo é ordenado, harmonioso e belo. Precisamos do senso "negativo" da incoerência – *que é o caminho para a coerência*. Se uma pessoa for sensível à incoerência, começará reconhecendo-a e depois descobrirá de onde ela vem. É evidente que a coerência tem um imenso valor para todos nós. E tem de ser assim, porque a incoerência em ação é muito perigosa. Ademais, a maneira como somos feitos nos leva a apreciar a coerência. Ela faz parte da vida. Se sua vida for de todo incoerente, você pode achar que ela quase não vale a pena. Temos um senso interno de valores, mas estes se tornaram mesclados. À medida que o pensamento se desenvolveu, ao longo das eras, produziu valores incoerentes que nos confundem. Por exemplo, se tivermos um desejo de coerência, poderemos pô-lo em prática de modo errôneo e simplesmente tentar *impor* a coerência, em vez de descobrir a incoerência e descartá-la. É uma espécie de violência e, portanto, uma extensão da incoerência.

Acredito que o movimento na direção da coerência seja inato, mas nosso pensamento a tornou confusa. Uma resposta altamente incoerente está programada em nossa memória. Não sabemos como ter acesso a ela nem conhecemos o seu significado – mas este se tornou cada vez mais emaranhado com a passagem do tempo. A coerência abrange todo o processo da mente – o que inclui, é claro, os processos do pensamento. Portanto, qualquer mudança importante tem de ocorrer no processo tácito, concreto, do próprio pensamento.

Tal processo tácito, concreto, é o conhecimento *real* e pode ser coerente ou não. No caso de andar de bicicleta, se você não souber como fazê-lo, o conhecimento não será correto; não será coerente com o contexto de tentar andar na bicicleta e, assim, você não obterá o resultado que pretende. A incoerência se tornará clara e você cairá. Fisicamente, o conhecimento tácito está no lugar de onde vem a ação. E mudanças físicas dependem da alteração das respostas tácitas.

Portanto, mudar o abstrato (o pensamento) é um passo, mas, a não ser que isso mude também a maneira como o corpo responde, não será suficiente. Alguém poderia dizer: "Você não está fazendo isso certo. Está virando para a direção errada. Você deve virar para a direção da queda, mas seu instinto faz com que vire para o outro lado". Tudo isso pode ajudar, mas no fim das contas tem de juntar-se ao pensamento tácito. Você precisa do conhecimento tácito, o qual, no caso da bicicleta, *só se consegue andando nela*; é como se assim fossem corrigidos conhecimentos prévios. No conhecimento tácito existe um *movimento*, por meio do qual ele examina possibilidades. Quando esse conhecimento se move e consegue resultados na direção que você pretendia seguir ele continua – e se mantém nessa linha por mais algum tempo. É assim que ele aprende, até que finalmente você se vê andando de bicicleta. Você pode ser guiado pelo mapa abstrato, mas precisa também do conhecimento tácito.

A questão é: podemos fazer isso com o pensamento tão bem como com a bicicleta? Acredito que o pensamento – o pensar – é um processo tácito mais sutil do que andar de bicicleta. No nível em que o pensamento emerge no processo tácito, ele é um movimento. Em princípio, tal movimento poderia ser autoconsciente. Creio que há possibilidade de autopercepção do pensamento – que o seu movimento pode ser autoperceptivo, sem a necessidade de um "eu" para essa percepção.

"Propriocepção" é um termo técnico. Pode-se também dizer "autopercepção do pensamento", "autoatenção do pensamento" ou "o pensamento percebe a si mesmo em ação". Qualquer que seja a expressão usada, o que quero dizer é que o pensamento deve ser capaz de perceber o seu próprio movimento, prestar atenção a ele. No processo de pensar, deve haver a consciência desse *movimento*, da *intenção* de pensar e dos *resultados* do pensamento. Se formos mais atentos, seremos capazes de perceber como o pensamento produz resultados fora de nós. Talvez até mesmo possamos ficar imediatamente cônscios de como isso influencia a percepção.

Se você movimenta o seu corpo, de imediato se dará conta de que o fez. Não se trata de um tipo de cognição consciente; ela é quase inconsciente. Você sabe que fez um movimento corporal e que este não foi realizado por outra coisa. Há uma consciência entre o seu *impulso* para agir e a ação em si.

Fisicamente, quando você faz um movimento precisa saber logo o resultado, saber sem o pensamento, sem pensar, para que não haja um intervalo de tempo no *feedback*. Se houver um intervalo e ele for muito demorado, a coisa não funcionará. Isso é essencial para a sobrevivência. Conclui-se daí que a propriocepção está embutida nos movimentos físicos do corpo. Ela pode ser melhorada – os atletas e os dançarinos aprendem a fazer essa melhoria – mas não é perfeita em ninguém, porque muitos dos nossos movimentos não chegam à consciência: não nos damos conta do que estamos fazendo. Ainda assim, a propriocepção existe.

O que dizer do pensamento? Você tem o *impulso* de pensar. Então o pensamento ocorre e com ele toda espécie de coisas – surgem "sentidos", vindos do passado, o corpo fica tenso e assim por diante. Mas se você não perceber as conexões, ficará como aquela mulher que pensava que alguém a estava agredindo enquanto se autoagredia. Ela fazia algo e pensava que não o fazia – imaginava que outra pessoa era responsável pela ação. Perceber os erros faz toda a diferença neste mundo.

Vejamos um exemplo. Suponha que você vê alguém de quem não gosta e começa a pensar: "Que pessoa horrível ele é. Não tenho estômago para tolerá-lo". Esse pensamento pode ser quase automático – você nem mesmo chega a pô-lo em palavras. Mas pode "ganhar" uma dor no estômago e então dirá: "Há algo errado com o meu estômago". Sua frequência cardíaca pode mudar, outras coisas podem acontecer. Podem surgir emoções, enquanto você pensa nessa pessoa que o magoou e não lhe teve consideração. Você dirá: "Bem, eu tenho sentimentos profundos, viscerais, a esse respeito, os quais devem ser realmente válidos." *Isso é uma falha da propriocepção do pensamento.*

Existe um dispositivo que pode medir a resistência da pele e mostra as alterações de seu estado emocional.

Se alguém lhe diz algo que o faz reagir, dois ou três segundos depois a agulha do aparelho se agita – é esse o tempo necessário para que o impulso desça do cérebro para os nervos periféricos. Você pode nem mesmo notar que teve algum tipo de reação emocional – embora as reações fortes sejam evidentemente percebidas –, mas de qualquer maneira é afetado por suas emoções. Se elas se tornarem suficientemente fortes para serem percebidas, você dirá: "Tive uma intuição profunda".

A pessoa lhe disse algo há dois ou três segundos, mas você não percebeu a conexão. Não estabeleceu a ligação e disse: "Há um sentimento profundo, visceral, e isso significa que minha irritação é justificável". Você usa as emoções para justificar a raiva e diz: "Há um sentimento visceral independente, que mostra que estou percebendo algo. Ele mostra que minha raiva é *correta*". Esses pensamentos despertarão mais emoções, e assim por diante e indefinidamente. Sem propriocepção não é possível corrigir isso.

Mais tarde, você pode entender o acontecido e dirá: "Sou capaz de perceber o que ocorreu, mas foi meu pensamento que me fez sentir o que senti". Nesse movimento, porém, tudo estará agitado e você já não poderá arrumar a desordem. No entanto, se houvesse propriocepção em seu pensamento, logo diria: "Bem, tive o impulso de pensar, pensei em algo e depois me vieram esses sentimentos. Eles foram produzidos dessa maneira e, portanto, isso é tudo o que significam". Mas, se você tiver a sensação de que o ocorrido não veio de um pensamento, tudo será tacitamente aceito como uma percepção direta da realidade.

Acredito que existe um potencial natural para a propriocepção espontânea do pensamento. A propriocepção pode estar embutida na mente, como está no corpo. Ou seja, o processo mental tácito inclui a autopercepção. *Essa pode ser a própria natureza da mente.* Entretanto, ela é muito sutil e foi inibida. Do contrário, você seria capaz de dizer: "Certo, há um pensamento que constrói uma imagem assustadora ou desconfortável. Mas, considerando que se trata só de uma imagem, não é muito importante". Em vez disso, você diz: "Não devo pensar nisso". Ou nem mesmo reflete sobre o que acontece – apenas se afasta.

Você não pode manter sua mente voltada para o que acontece. Ela salta, a atenção se desvia para outras coisas ou você se esquece de tudo. Esquece-se constantemente, o que resulta em sensações de anestesia ou entorpecimento. O corpo produz tudo o que é necessário para impedir pensamentos dolorosos – ele tenta nos proteger do que considera mau.

O essencial é que o processo do corpo é um movimento, que começa com um impulso e vai até um resultado. *Você o sente enquanto ele se desenrola.* Mas o pensamento também é um movimento – se é um processo, é também um movimento. Todavia, ele não trata a si mesmo como um movimento: considera-se a verdade, como se sua simples ocorrência pudesse nos dizer como as coisas são. Em princípio, o pensamento poderia perceber o seu próprio movimento, mas toda essa confusão já se estabeleceu e continua, de modo que isso não é possível. É como as luzes de Las Vegas, que impedem que você veja o Universo. Você poderia imaginar que aquelas luzes são a coisa mais importante do mundo porque são tão poderosas e enchem a sua consciência. Mas algo mais sutil pode ser bem mais importante.

A esse respeito, há um meio adicional que proporciona um certo *insight*: considerar o pensamento um sistema de *reflexos*. Um reflexo pode assim ser descrito: quando alguma coisa acontece, outra acontece automaticamente em consequência da primeira. Temos muitos reflexos e eles podem ser condicionados. Por exemplo, os cães têm um reflexo que faz com que salivem quando veem comida. Pavlov fez um experimento, no qual tocava uma campainha e ao mesmo tempo mostrava alimento a esses animais. Repetiu isso muitas vezes e, depois de um certo tempo, os animais salivavam na ausência da comida, apenas ao ouvir a campainha. Essa é a forma básica do condicionamento – repetir com muita frequência. Podemos notar o condicionamento de reflexos o tempo todo – grande parte de nosso aprendizado rotineiro consiste em estabelecer reflexos condicionados. Quando aprendemos a dirigir automóvel, tentamos condicionar nossos reflexos para que eles sejam adequados a essa atividade.

Os pensamentos elementares podem assumir a forma de uma série de reflexos. Se alguém lhe perguntar o seu nome, você responderá de imediato. Com questões um pouco mais difíceis, há um modo pelo qual a mente pesquisa a memória em busca de respostas. É deflagrado um "reflexo de busca". A mente vasculha a memória, encontra uma resposta que parece ser adequada à pergunta, e em seguida a resposta emerge e é possível verificar se ela é ou não correta. Creio que esse sistema é um conjunto de reflexos – que o pensamento é um conjunto muito sutil e potencialmente ilimitado de reflexos; podemos adicionar muitos deles e modificar os já existentes. Mesmo a totalidade do processo lógico, dado que está comprometido com a memória, torna-se um conjunto de reflexos. E há também o que chamo de "mentalidade", que inclui as emoções, os estados corporais, as reações físicas e tudo o mais.

A mentalidade é, portanto, parte de um processo material. Ela se dá no cérebro, no sistema nervoso, na totalidade do corpo – é um sistema único. Pode ser veiculada por processos materiais, tais como ondas de rádio, televisão ou pela escrita. Na fala, o som sai do corpo e veicula a reflexão/pensamento. No interior do corpo, a mentalidade é veiculada por sinais do sistema nervoso. Para isso, há uma determinada espécie de código que não conhecemos muito bem. Sustento que a mentalidade é um processo material – ela tem reflexos que funcionam sozinhos. Se você tiver um *insight* ou percepção que sejam verdadeiros, isso realmente o afetará. Um *insight* ou percepção da verdade pode influenciar profundamente o processo material, o que inclui todos os reflexos. No entanto, se tivermos um conhecimento apenas intelectual ou inferencial do que acontece, este não atinge esse processo de maneira profunda.

A matéria pode ser infinitamente sutil. A ciência não conhece tudo sobre ela e provavelmente jamais conhecerá. Entretanto, a matéria não é só mecânica. Portanto, ela pode responder à percepção de modos muito profundos e sutis, os quais podem estar além do que a ciência consegue rastrear; pode haver mudanças. Eis a noção a reter: o *insight* ou a percepção podem afetar o processo inteiro. Não somente influenciam a compreensão inferencial, mas também afetam os níveis químico e tácito – tudo, enfim.

O ponto a destacar é que temos a possibilidade de ter *insights*. Apercebo-me de que o pensamento é um processo material? Ou ainda, de que ele participa sempre da percepção? Se assim for, algumas barreiras poderão ser removidas. Entretanto, todo o nosso conjunto de reflexos e nosso conhecimento tácito se opõem a uma tal compreensão. Esse conjunto diz: "O pensamento não é um processo material". E eis o nosso primeiro reflexo: "O pensamento está bem além da matéria ou, de alguma forma, é separado dela. Ele tem uma certa verdade ou significado espiritual". Essa noção foi condicionada em nós como um reflexo.

Contudo, afirmamos que o pensamento é um processo material que participa – o que significa que a ideia de que ele apenas nos diz o que as coisas realmente são não é uma opção séria. Se ela vier de um *insight, ou se você tiver um* insight *de que o pensamento não é proprioceptivo, mas requer propriocepção*, isso poderá tocar as sinapses cerebrais que mantêm esses reflexos.

O PENSAMENTO PARTICIPATIVO E O ILIMITADO

Nas primeiras culturas humanas, e até certo ponto mesmo agora, existiu o que tomou o nome de "pensamento participativo". Em tais culturas, as pessoas sentiam que participavam de algumas das coisas que viam – percebiam que tudo no mundo era participativo e que o espírito de todas as coisas era único. Os esquimós, por exemplo, aparentemente acreditavam que havia muitas, muitas focas, mas cada uma delas era a manifestação de uma *foca única* – o espírito das focas. Isto é, essa foca única se manifestava como muitas. Portanto, eles podiam rezar para que esse espírito se manifestasse, e assim teriam com o que se alimentar. Penso que alguns índios norte-americanos viam os búfalos da mesma maneira. Esses povos sentiam-se participantes da natureza e, de algum modo, estavam intensamente cônscios da participação de seu pensamento.

Poderíamos dizer: "Essa é uma forma ingênua de ver a questão – é óbvio que há muitas focas diferentes". Desenvolvemos uma espécie de pensamento mais objetivo, que afirma: "Queremos pensar sobre algo de que não participamos, algo sobre o que pensamos e sabemos do que se trata". Mas essa abordagem moderna é um modo diferente de pensar. Os esquimós veem a questão de uma forma e nós de outra.

Outra maneira de ilustrar o pensamento participativo é imaginar que conversamos. Eu o vejo e o ouço; são experiências muito diferentes. Todavia, a experiência real é que a pessoa que vejo e a que ouço são uma única e mesma pessoa. Essa é *uma forma unificadora de pensar*. Da mesma maneira, você poderia dizer: "A respiração que acontece em mim vem do grande Espírito Universal. E o coração, os pulmões e o estômago participam dessa totalidade". O que é muito parecido com a maneira de pensar das culturas participativas.

O pensamento participativo é uma forma diferente de perceber e pensar, e assim foi por mais ou menos um milhão de anos. Nos últimos cinco mil anos nós o viramos ao contrário, e nossa atual linguagem diz: "Tudo isso é absurdo, não merece atenção". Essa espécie de pensamento, que privilegiamos amplamente hoje em dia, tem sido chamada de "pensamento literal".

O pensamento literal tem como objetivo ser um reflexo da realidade *como ela é* – simplesmente reivindica a missão de dizer-nos como as coisas são. Tendemos a dizer que ele é o melhor modo de pensar. O pensamento técnico, por exemplo, tem como meta ser literal. Pretende ser não ambíguo; pode não ser bem-sucedido, mas imagina que conhece as coisas exatamente como elas são. Owen Barfield comparou o pensamento literal à adoração de ídolos. Se construirmos um ídolo, ele assumirá o lugar de uma força maior do que ele mesmo ou de alguma energia espiritual. Gradualmente, entretanto, será identificado com essa força ou energia, literalmente; e daremos, também de modo literal, um valor supremo a esse objeto. Poderíamos dizer que de certa forma adoramos nossas palavras e pensamentos, até o ponto em que elas se propõem a ser descrições ou declarações da realidade tal como ela é. Na verdade, não podem fazer isso; nós é que lhes damos demasiado valor. As palavras podem dar conta de um certo grau da realidade, mas não da realidade inteira.

As culturas que usaram muito o pensamento participativo provavelmente também utilizaram o pensamento literal para as atividades práticas. Porém, as coisas de grande importância para elas eram tratadas principalmente pelo pensamento participativo. As tribos poderiam ter totens – certos animais com os quais se identificavam – e dizer: "A tribo e o totem são um". Pensavam que os membros da tribo e o totem participavam juntos de alguma espécie de energia ou espírito. Ou até mesmo diriam que toda a existência consiste em participar de um espírito ou matéria universais. Do mesmo modo que digo que a pessoa que ouço é a mesma que vejo, eles diziam que o totem era a tribo. Entramos em contato com a tribo por meio do totem, ou nos relacionamos com o totem por meio de uma pessoa ou da totalidade do povo.

É muito interessante que nos coloquemos no lugar deles, que tentemos pensar como eles. Acredito que, de qualquer maneira, praticamos constantemente o pensamento participativo, o qual nunca desapareceu. Vejamos um exemplo: quando o meu país é atacado, eu também o sou. E digo: "Eu sou o meu país. Quando você cruzar esta fronteira, atingirá *a mim*". Utilizamos muito esse tipo de pensamento, mas alegamos o contrário. O pensamento literal argumenta que não usamos de maneira nenhuma o participativo, e com isso revela sua incoerência. Explicitamente, damos um valor supremo ao pensamento literal, mas na prática atribuímos essa supremacia ao pensamento participativo. Assim, tudo fica muito confuso. O pensamento literal se apoderou da percepção consciente, tornou possível a tecnologia e, de muitas formas, isso foi muito vantajoso. Ao mesmo tempo, porém, o pensamento participativo passou para a sombra; eclipsou-se, mas permaneceu nas profundezas.

Afinal, o que significa a palavra "participação"? Ela tem dois significados. O mais antigo era "compartilhar", como compartilhamos a comida: as pessoas comiam numa tigela única, compartilhavam o pão ou o que quer que fosse. Simbolicamente, ou mesmo no concreto, para tais pessoas isso significava compartilhar a *fonte*. Sentiam que o totem e elas próprias compartilhavam essa energia, o que criava um sentimento de unidade, de identidade. Na cultura ocidental esse significado persistiu até a Idade Média.

O segundo significado de "participação" é "tomar parte em", dar a sua contribuição. Nos tempos modernos, ele acabou por predominar: quer dizer que um indivíduo é aceito, que faz parte da totalidade. Não podemos tomar parte em algo, a não ser que nossa participação seja aceita. Quando juntos, os modos de pensar participativo e literal não estabelecem separação entre objeto e sujeito. Na condição de pensamento implícito, isso poderia criar uma sensação ou sentimento de estar juntos – *de que as fronteiras na realidade não são separações:* só existem para finalidades descritivas.

Na Idade Média, Tomás de Aquino usou constantemente a ideia de participação. Dizia que o sujeito de uma frase participa do objeto. Dizia também que a luz que vemos na Terra participa do Sol. A luz está no Sol em qualidade pura, e nós compartilhamos dela aqui. Essa forma de pensar se tornou comum durante um enorme período do desenvolvimento da humanidade e devemos apreciá-la. É um tipo de pensamento que não leva ninguém a espoliar o planeta. Compartilhamos a Terra e seria absurdo espoliá-la. Bem no fundo do inconsciente, esse pensamento deve fazer parte de todos nós, pois os seres humanos o tiveram talvez durante um milhão de anos. Só por um período comparativamente pequeno vem ocorrendo a predominância do pensamento literal.

O pensamento participativo percebe que tudo faz parte de tudo. Dá-se conta de que o seu próprio *ser* participa da Terra, de que não há um ser independente. É o mesmo que dizer que somos nutridos pela Terra. Consideremos os alimentos – nós os compartilhamos, literalmente. A comida, que parece ser um objeto separado, transforma-se em nós mesmos. Onde ela se transforma em nós? *Como* ela pode fazer isso? Em que ponto? Onde poderíamos traçar a linha que marca o início dessa transformação? Como se vê, há algo errado com o fato de considerarmos, de modo literal, a comida como um objeto separado. Essa literalidade mental tende a fragmentar as coisas, enquanto o pensamento participativo tende a juntá-las.

Todavia, o pensamento participativo tem alguns aspectos bastante inadequados ou até mesmo perigosos.

Por exemplo, em algumas tribos a palavra para designar o ser humano é a mesma utilizada para designar um membro dessas comunidades. O que significa, portanto, que as pessoas das outras tribos não são vistas como seres humanos. Eles podem até saber que tais pessoas também são humanas, mas o poder das palavras é imenso. Portanto, essas tribos podem não ter sido capazes de incluir outras em sua "participação" e, nesse momento, teria começado o pensamento fragmentário.

Outro exemplo são as cervejarias da Alemanha no tempo de Hitler. As pessoas lá se reuniam e cantavam, numa atmosfera de grande participação e camaradagem: "Somos amigos, estamos juntos, juntos vamos sair para conquistar o mundo e tudo será maravilhoso". Mas, quando começou a ação, as coisas não foram tão maravilhosas assim. Dessa forma, pode-se perceber que a noção de pensamento participativo não é necessariamente uma fórmula para a felicidade perfeita.

Há meio milhão de anos, as pessoas não tinham muita necessidade do pensamento literal. Viviam em pequenos grupos de caçadores-coletores; todos se conheciam e desenvolveram o pensamento literal apenas para propósitos simples e técnicos. Mas veio a revolução agrícola e surgiram sociedades maiores. Estas precisavam de muito mais organização, ordem e tecnologia, e por isso tiveram de usar muito mais o pensamento literal. A sociedade se organizava assim: "Você fica aqui, você faz isso, você faz aquilo". *Começou-se, portanto, a tratar tudo como objetos separados, inclusive as outras pessoas.* Os indivíduos eram usados como meios para determinados fins.

Quanto mais a civilização avançava, mais as sociedades usavam o pensamento como um meio para certos objetivos.

Essa maneira de pensar acabou penetrando nas relações entre os países. Cada país começou a tratar os outros como objetos a serem controlados, combatidos ou derrotados. Houve uma disseminação ininterrupta do modo de pensar prático e técnico, que se espalhou por áreas cada vez mais amplas. A própria participação se tornou fragmentária e recuou: retirou-se para uma área limitada, e tal limitação tem aumentado ao longo do tempo. Talvez as pessoas exerçam a participação em família ou em certos rituais, no sentimento de cidade, ou de país, ou de religião, ou de Deus. Contudo, cada vez mais coisas vêm ocorrendo "mundana" ou "secularmente", como se costuma dizer.

Ainda assim, quando se quer que alguma coisa seja feita em comum a participação é absolutamente necessária. Mas nos dias atuais isso não funciona corretamente, porque ela está misturada ao pensamento literal. Portanto, precisamos entender a diferença entre os pensamentos participativo e literal. Não está claro como traçar essa distinção, porque até um certo ponto precisamos do pensamento literal mesmo no plano interno, psicológico. E, também até certo ponto, precisamos do pensamento participativo no plano externo. Portanto, não é possível traçar com clareza uma linha divisória; precisamos aprender a fazer isso. Acredito que precisamos compreender mais a fundo por que adquirimos essa dificuldade.

Consideremos qualquer tipo contemporâneo de burocracia ou hierarquia. Em tais organizações, as pessoas são tratadas como objetos: têm de fazer *isso, isso e isso* e têm de se relacionar *dessa* maneira. O pensamento literal conhece as pessoas por suas funções. Ele é a função que lhe atribuo: um trabalhador, um banqueiro, um isso, um aquilo. Essas condições organizam a hierarquia social – as pessoas são isoladas umas das outras e a participação é muito limitada.

Mais uma vez, caímos no mesmo problema: criamos o *objeto*. Nessa ordem de ideias, o mundo é literalmente constituído por objetos. É como objetos que tratamos as outras pessoas e, por fim, tratamos a nós mesmos dessa forma quando dizemos: "Devo me encaixar aqui; devo fazer isso e aquilo; devo me tornar melhor", e assim por diante. *Mas a sociedade não é uma realidade objetiva e ponto final. É uma realidade criada por todos os seus componentes por meio de suas consciências*. Nela há certas características "objetivas", que podem ser apontadas às pessoas depois de sua criação, principalmente porque existem muitos participantes – isso é estatístico.

A mesma coisa acontece na física. Se você tentar medir com exatidão um átomo, descobrirá que não é possível, pois o átomo é um participante. No entanto, se você tomar uma sucessão estatística de átomos poderá obter uma média, a qual é objetiva. O resultado é sempre o mesmo, não importa quem o obtém nem quando. A média aparece, mas o átomo individual não. Na sociedade, também é possível observar comportamentos médios, que são frequentemente previsíveis. Mas não são muito significativos, quando comparados com aquilo que na realidade nos move e faz com que a sociedade surja. Individual e coletivamente, juntos, temos uma *consciência*, que cria a sociedade e a sustenta por meio do pensamento, do intelecto, do sentimento e assim por diante.

De maneira semelhante, num grupo de diálogo você poderia dizer que todos são diferentes: "Eu estou aqui, você está aí, eu sei isso, eu sei aquilo" etc. Mas também se pode dizer que há uma participação, o que significa que todos compartilham tudo o que acontece e talvez deem sua contribuição. Mesmo que você não dê uma contribuição visível, de alguma forma participa. Todos os pensamentos, sentimentos, pontos de vista e opiniões vêm a nós e crescem em nosso interior, mesmo quando achamos que resistimos a eles.

Em especial, somos afetados pelo pensamento: "Esse é o ponto de vista dele, este é o meu" – o que é falso. *Todos os pontos de vista são apenas pensamentos.* Em qualquer lugar que esteja, o pensamento é apenas pensamento – é sempre uno. É algo similar ao que os esquimós dizem das focas: "São todas uma só". Só que aqui parece ser mais. O diálogo é um exemplo de como essa visão participativa funciona. O pensamento é um só e se manifesta em todos os lugares e com todos os tipos de conteúdos específicos. Assim, o espírito do diálogo é importante para lidar com a questão dos pensamentos literal e participativo, embora saibamos que seguimos numa direção com a qual grande parte da atual cultura não concorda de modo algum.

No entanto, já que nos prendemos somente ao pensamento literal, convém saber que nele não há espaço para a participação. Pensamos exclusivamente em termos de relações mecânicas externas. Achamos que o eu é um objeto e que tudo vem dele. Proponho, contudo, que na verdadeira participação o pensamento possa estabelecer distinções, mas há participação *entre* essas distinções – entre pessoas, entre o pensamento e o sentimento, entre quaisquer coisas. E digo mais: em última análise, a natureza do mundo inteiro é a participação – tudo é tudo. Isso foi o que eu quis dizer em meu livro *Wholeness and implicate order* [*A totalidade e a ordem implicada*]. É outra maneira de ver as coisas – dizer que tudo "envolve" tudo. Em essência, a base de tudo é o que está dobrado, [latente, *en-folded*]; o desdobrado [manifesto, *un-folded*] é apenas o exposto, a manifestação do que estava dobrado.

Acredito que um dos erros fundamentais da humanidade tem sido dizer que, quando terminamos um pensamento, ele desaparece. Mas ele não se foi – apenas "dobrou-se outra vez" no fundo da consciência. Não sabemos mais onde ele está, mas ele ainda está lá; pode desdobrar-se de novo, como da vez anterior, ou sob outra forma. Assim, há um processo constante de desdobramento que parte do fundo de nossa consciência para o primeiro plano e, a seguir, um novo dobramento. Podem também haver sentimentos que se desdobram, passam ao primeiro plano sob a forma de pensamentos. Os pensamentos então retroagem e dão origem a mais sentimentos e movimentos do corpo e assim por diante. É um processo constante. Talvez possamos dizer que ele jamais começou e nunca terminará, porque volta para a natureza, volta sempre até onde podemos perceber. A espécie humana e todas as outras se "desdobram" do meio ambiente.

Nessa linha de raciocínio, quero discutir três dimensões do ser humano. Uma é o *indivíduo* isolado. Seu corpo é de certo modo separado dos outros – embora não totalmente, pois ele se funde com o ar, a luz e os alimentos. Não existe um lugar que seja realmente o limite do corpo, sua fronteira é relativa. Não podemos dizer que quando uma molécula de oxigênio entra no corpo ela se torna subitamente viva, e que quando ela o deixa como dióxido de carbono está morta. Devemos dizer que na verdade não há um término nítido do corpo. Talvez nem mesmo possamos estabelecer onde começa e termina a vida. Em vez disso, melhor seria imaginar que o corpo é uma espécie de "foco" de vida num determinado lugar. No entanto, cada indivíduo tem características físicas peculiares – devidas à hereditariedade, ao DNA e ao resto – e certas peculiaridades mentais: experiências, formação, capacidade e assim por diante. Além disso, temos uma autoimagem por meio da qual procuramos nos autoidentificar.

Há também a dimensão *coletiva* do ser humano, que engloba um considerável número de pessoas: a sociedade e a cultura. Esta tem uma característica qualitativamente nova: é muito poderosa, tanto potencialmente quanto na prática. No diálogo, discutimos como dar algum tipo de coerência e ordem a esse poder.

A seguir, há a terceira dimensão – a dimensão *cósmica*, que constitui a esfera da imersão humana no mundo natural, a cosmologia da ciência e da religião. Os seres humanos sempre tiveram isso em mente, desde os tempos mais antigos, pré-históricos. A natureza é percebida como algo que está além do indivíduo e da sociedade. Em nossos primeiros tempos, como já foi dito, havia o animismo – as pessoas sentiam que tudo tinha uma alma, um espírito, e que elas participavam dessa totalidade.

Contudo, à medida que saíam da natureza e iam para as cidades e fazendas (mesmo as fazendas estão muito longe da natureza selvagem), começaram a sentir a necessidade do cósmico e podem ter introduzido vários modos de preenchê-la. Já nesses primeiros tempos havia a arte, que provavelmente buscava uma espécie de conexão cósmica, e em seguida surgiram noções de religião e filosofia – também tentativas de estabelecer essa conexão.

Tudo isso persistiu, mas um grande número de pessoas já não acredita nos pressupostos da religião. A religião nos deixou; movemo-nos para muito longe da natureza e a filosofia se tornou inacessível. Nas sociedades modernas, a ciência tenta até certo ponto ligar-nos ao Cosmo; mas ela é limitada e, de qualquer maneira, a maioria das pessoas não consegue entendê-la em seu todo. Portanto, parece que a conexão com a dimensão cósmica até certo ponto se perdeu. Entretanto, creio que as pessoas desejem voltar a ela. Trata-se de uma dimensão essencial do ser humano, que acompanha as dimensões individual e coletiva.

Poderíamos dizer que nosso vínculo com o Cosmo se partiu. Em várias publicações, sugeriu-se que estamos no "fim da natureza". Originalmente, imaginávamos a natureza como algo vasto, além do qual os seres humanos nada podiam fazer. Mas agora percebemos que estamos a ponto de destruí-la. As culturas tribais disseram: "A Terra é a nossa mãe, temos de cuidar dela"; hoje as pessoas dizem: "Não, não é assim. Temos de explorar a Terra". Essa mudança de nossa relação com a natureza – esse fim do nosso vínculo com ela – tem outro efeito. As pessoas costumavam dizer: "Sei que as coisas vão muito mal por aqui, mas a natureza está 'lá' e ainda está bem". Agora, porém, o luxo desse ponto de vista se foi. Já não podemos confiar em que a natureza é ilimitada.

Quando as pessoas se dão conta disso, opera-se uma mudança psicológica muito grande. É como se alguém dissesse: "Você não pode mais contar com sua mãe. Agora está por sua própria conta". Essa é a situação em que nos encontramos – se a natureza sobreviverá ou não, depende de nós. Assim, há aqui uma nova implicação: a de que somos realmente responsáveis por todo este planeta. E então a questão é: qual é a base para isso? *O que somos nós?*

Qual é a nossa natureza? De que recursos internos podemos tirar essa responsabilidade? Que maneira de ser nos permitirá ser responsáveis? Qual seria a base dessa possibilidade? Em geral, não temos pensado em nós mesmos como um ser dessa espécie. É como alguém que cresceu pensando que seus pais sempre cuidariam dele. E agora percebe: "As coisas mudaram. O caminho é outro".

Algumas pessoas pensam que podemos sobreviver organizando a natureza, descobrindo espécies de árvores e outras plantas que possam viver apesar da poluição – pela produção de novas espécies mediante a engenharia genética ou outros meios. Elas pensam que é possível industrializar o nosso mundo a tal ponto que a própria natureza seja industrializada – poderíamos até mesmo chamar isso de "indústria da natureza". Hoje temos uma indústria do entretenimento e, praticamente, uma indústria da cultura e da educação; de maneira semelhante, poderíamos ter uma indústria da natureza. Seria possível tentar, ao mesmo tempo, conservar a natureza e torná-la lucrativa. Talvez a tecnologia pudesse começar esse processo, que parece um tanto duvidoso, mas quem sabe ele seja possível? Mas aonde isso nos levaria? Que espécie de vida seria essa? Ela poderia ser "participativa", mas não teria o tipo de participação que nos parece bom. Desempenhamos um papel cada vez maior nisso tudo, e temos de levar em conta esse fato. Precisamos levar em consideração que a natureza tem um significado quase sagrado em nossa psique. Assumir essa nova atitude tem enormes implicações para o ser humano. Assim, parte da dimensão cósmica é a atitude do homem em relação à natureza. Mas há algo além até mesmo disso – não meramente o Cosmo como o vemos pelo telescópio ou olhando para o céu à noite. Penso que haja um fundamento além desse. Acredito que haja algo além dos limites, algo não finito.

Ao viver na sociedade comum, você pode dar prioridade ao dinheiro, ao seu país, ou ao que quer que seja. Há coisas às quais poderia dar prioridade, e as pessoas fazem isso de várias maneiras. Entretanto, se você só dá primazia a essas coisas, não pode dá-la ao *ilimitado*. Seu cérebro lhe diz que não existe nada que seja ilimitado. Porém, numa visão participativa é possível sugerir que o ilimitado seja a base de tudo. E então surge a pergunta: a consciência pode entrar realmente em contato com o verdadeiro ser? Acho que todos sabem o que essa questão significa. Ao longo das eras, ela foi feita de muitas formas diferentes.

Todavia, parece haver algo na estrutura do pensamento de nossa civilização que tende a alegar que marchamos para conhecer *tudo* e tudo controlar. Mas devemos indagar: é da natureza do pensamento ser capaz de saber tudo, visto que ele é uma abstração, o que inerentemente implica limitação? Dito de outra forma: o campo do pensamento – a experiência, o conhecimento, o pensamento tácito – é totalmente limitado? Uma grande parte da nossa cultura diria que ele não é limitado. Nosso pressuposto é que, não importa o que acontecer, se o abordarmos por meio do pensamento, conhecimento e habilidade na aplicação, nos sairemos bem.

Sustento que esse pressuposto penetra no pensamento implícito, tácito – e por isso ele implica que, seja o que for que aconteça, nós pensaremos. É uma pressuposição dinâmica e ativa; é universal e se refere a "tudo". É extremamente poderosa, foi-lhe atribuída um imenso valor e acreditamos que ela "funcionará". Terá precedência em relação a quase tudo. Descobrimos, portanto, que estamos a pensar automaticamente sobre tudo, porque o pressuposto em ação afirma que o pensamento não só é possível e ao menos potencialmente relevante, mas é também a única maneira.

Sustento, porém, que o campo do pensamento é limitado. Acredito também na existência do "ilimitado", que engloba o limitado. Esse "ilimitado" não o é apenas no sentido de que se estende a distâncias cada vez maiores, até o fim do Universo; mas também – o que é mais importante – é ilimitado em termos de sutileza. Como vimos, entretanto, os pensamentos tácitos tendem a limitar nossa atenção e a orientam para o que tem valor, para o que vale a pena. Se você não atentar para alguma coisa, não a perceberá – até onde vai o seu interesse, essa coisa não existe.

Mas a atenção não é intrinsecamente restrita: pode ampliar-se e assumir qualquer forma. É bem possível que ela seja, por assim dizer, uma espécie de relação entre o limitado e o ilimitado – pelo menos em potencial. Pode haver um tipo limitado de atenção, como a concentração, e também um tipo ilimitado, que é o fundamental. Por meio deste último, podemos mover-nos para níveis cada vez mais sutis da ordem implicada – os níveis mais gerais da totalidade do processo. Nesses planos gerais, a consciência de uma determinada pessoa difere muito pouco da consciência de outra. E os pensamentos implícitos, tácitos, constituem a base da consciência e são compartilhados por todos.

Pode ser que uma das funções cerebrais seja sensível a níveis crescentemente sutis do ser; nesse caso, o cérebro funcionaria mais como uma antena que captasse tais níveis, em vez de ser apenas o "iniciador" das ações. Enquanto o cérebro seguir somente seus objetivos internos, estará ocupado, e isso é necessário em certos contextos. Mas se considerarmos que é também necessário buscar contato com o ilimitado, precisa haver silêncio, disponibilidade.

Creio que a maior parte de nossas experiências ocorre na ordem implicada. Porém, por meio da sociedade, aprendemos a não valorizá-la; aprendemos a dar a primazia à ordem explícita, exterior, que é útil para os propósitos que em geral temos em mente: ganhar a vida e fazer isso ou aquilo. Mas precisamos estabelecer um lugar no qual possamos descansar e, por assim dizer, investigar essa ordem. A raiz da palavra lazer significa "vazio" – um espaço disponível de tempo ou localização no qual não nos ocupamos com nada. Podemos começar olhando para a natureza; nela as distrações são mínimas. Se um grupo de pessoas tiver confiança mútua e espírito de companheirismo, algo semelhante pode surgir no diálogo.

Se contarmos com um número considerável de pessoas que seja capaz de ver as coisas dessa maneira, elas produzirão um efeito que irá muito além de qualquer indivíduo. Não sabemos com certeza o impacto que isso produzirá, mas as possibilidades são reais. Atualmente, há muito cinismo e pessimismo a respeito da espécie humana, o que tem lá suas razões. Mas esse cinismo pode com facilidade tornar-se falso. A espécie humana tem grandes possibilidades, que vêm sendo destruídas por coisas e circunstâncias certamente triviais.

Conhecer as raízes de tudo isso é tarefa da humanidade inteira: temos algo que pode produzir uma revolução. Tudo depende de intensidade e energia. Ao que parece, o ponto-chave é que precisamos dar atenção ao todo. É possível atentar razoavelmente para as coisas, mas logo em seguida tudo parece se despedaçar quando surgem dificuldades. Nesses casos, em vez de nos autocondenarmos devemos descobrir de que maneira as distrações se imiscuíram no processo. O exame das distrações faz parte do processo de aprendizagem; é fundamental perceber essas coisas na presença delas, bem como em lugares tranquilos. Acredito que, quando nos fortalecermos o suficiente, por assim dizer, poderemos manter a firmeza mesmo num ambiente confuso. E então teremos força bastante para começar a olhar para o infinito. No entanto, este pode ser tão poderoso que seus efeitos nos distrairiam se olhássemos para ele com demasiada leviandade.

Creio, portanto, que exista a possibilidade de transformação da consciência, tanto no plano individual quanto no coletivo. É importante que ambos mudem juntos. Assim, é crucial a totalidade da questão: a comunicação, a capacidade de dialogar e de participar daquilo que é comunicado.

BIBLIOGRAFIA

BARFIELD, Owen. *Saving the appearances*. New York: Harcourt, Brace and World, 1965.

BOHM, David. *Wholeness and the implicate order*. London: Routledge, 1980. [*A totalidade e a ordem implicada*. São Paulo: Cultrix, 2001].

_____. *Unfolding meaning*. London: Routledge, 1987.

_____. *Thought as a system*. London: Routledge, 1994.

_____. *Ojai seminar transcripts, 1986-1989*. Ann Arbor: University Microfilms International, 1996.

_____, EDWARDS, Mark. *Changing consciousness*. San Francisco: Harper San Francisco, 1991.

_____, KRISHNAMURTI, Jiddu. *The ending of time*. San Francisco: Harper and Row, 1985.

DE MARE, Patrick; PIPER, Robin; THOMPSON, Sheila. *Koinonia*. London: Karnac, 1991.

KRISHNAMURTI, Jiddu. *Freedom from the known*. New York: Harper and Row, 1969.

_____. *The wholeness of life*. San Francisco: Harper and Row, 1979.

POLANYI, Michael. *The tacit dimension*. New York: Garden City, 1979.

ÍNDICE REMISSIVO

Abstração, 83, 108, 110, 140, 164
Ação (ações), 62, 110, 135, 136; o cérebro como iniciador, 65; mútuas, 30; suprimidas, 134; suspensão, 138; pensamento autoconsciente, 143
Amizade, 75, 84, 96
Amor, 43, 44, 80, 87, 96, 115
Ansiedade, 47, 69, 72, 74
Apresentação, 108-116 *passim*
Aquino, Tomás de, 154
Atenção, 63, 100, 111, 114, 120, 127; tipo limitado de, 164; pensamento e, 38
Atividade coletiva, 77, 79, 95; ver também linguagem; mente; participação; pensamento (s); representação
Autoconsciência, 143, 146
Autocontradição, 126
Autoengano, 41, 109; paradoxo e, 120, 123, 124, 126
Autoestima, 70
Autointeresse, 37, 43, 44; pressupostos sobre, 36, 37
Autopercepção, ver propriocepção
Autopreservação, 58
Bajulação, 119, 120, 124
Barfield, Owen, 151
Bloqueios, 32, 33
Bohr, Niels, 81, 82, 94, 96
Cães de Pavlov, 147
Campo "ilimitado" do conhecimento, 163, 164, 165

Caos, 97; econômico, 40, 101
Cérebro, 104, 106, 121, 128, 145, 163; função, 165; informação organizada no, 109; sinapses, 149
Ciência, 31, 39, 43, 44, 74, 82, 83; cosmologia da, 160; pensamento e, 98
Cinismo, 166
Civilização, ver cultura; sociedade
Coerência, 46, 51, 67, 86, 93; alta energia da, 96; interesse em, 30; sentida, 141
Coesão, 85
Companheirismo, 75, 96, 166; impessoal, 73
Compreensão, 120-121; inferencial, 149; mútua, 28
Comunicação, 27-32, 66, 68, 79, 85, 96, 123; capacidade de participar da, 167; quebra da, 70; coerente, 46, 51; dificuldade de, 36; direta, 47; livre, pressupostos que impedem a, 89; necessidade de um sentimento humano comum e de veracidade, 122; representação crucial na, 113
Confiança, 28, 48, 49, 64, 75
Confrontação, 32, 44, 117; emocional, 49
Confusão, 30, 92, 120, 123, 125, 127
Conhecimento, 29, 103; perigos do, 99; doença do, 101; intelectual ou inferencial, 148; limitado, 140; que se move de modo autônomo, 103; tácito, 46-47, 104, 105, 142, 149
Consciência, 86, 140, 147, 157-160 *passim,* 163; comum, 75, 79; diferenças de, 165; participativa, 64-66; possibilidade de transformação da, 167; compartilhada, 47, 77; transformação da natureza da, 95
Consciência de, 32, 76, 109, 119-121; consciente, 153; profunda e intensa, 127; falta de, 111; suspender, 137; ver também autoconsciência
Contradições, 75, 117, 119, 137; enfrentamento de, 32; ver também autocontradição
Controle, 105
Corpo físico, 73, 104, 130, 133-149; *passim*; pode perceber seu próprio movimento, 62; sentimentos e estados, 57; a memória afeta o, 105; tensão do, 115

Criatividade, 31, 60, 65, 67, 76, 79; medicina, 98; transformação, 61
Culpa, 77
Cultura (s), 54, 64, 67-69, 100, 102, 105; gerais, coletivas, representações que circulam na, 114; participativa, 150, 151, 153, 158, 160, 161; problemas pessoais e, 49; pensamento e, 131; ver também microcultura, subculturas
De Mare, Patrick, 12, 49
Destruição, 94, 98; ecológica, 97
Deus, 156
Diálogo "limitado"/campo do pensamento, 88-95, 164
Diferença, 29, 31, 85, 129
Dimensão cósmica, 96, 160, 161, 163
Discussão, 33-35
Divisões, 38, 39, 98
Dor, 86-87, 124, 126, 144, 146; reprimida, 119; desejo para o alívio prazeroso da, 119, 120
Ecologia, 39, 78, 93-94, 97-98
Einstein, Albert, 80-82, 94-96
Emoções, 36-37, 49, 54, 56, 59, 72, 84, 129; e o cérebro, 105, 106; "observação" de pressupostos profundamente afetada pelas, 128-129; ver também sentimentos
Energia, 76, 96, 153, 166; espiritual, 152; desperdício, 93; experiências, 108, 130, 135, 160
Enfrentamento emocional, ver confrontação
Engenharia genética, 40, 162
Espaço, 71; vazio, 50, 165
Estresse, 105, 107
Estruturas (s), 82, 102, 106, 128, 163; autoritárias, 89; novas, 31
"Eu", 112-113, 131, 135, 136, 140, 158; "mais profundo", 126; realidade do, 130; totalidade do processo que está por trás do, 133; ver também: autoconsciência; autocontradição; autoengano; paradoxo e o
Experiências, más ou boas, 70; traumáticas, 104
Facilitadores, 48, 92
Física, 112, 118
Fragmentação, 38-39, 98
Freud, Sigmund, 88

Frustração, 28, 54, 58, 69, 72-75 *passim*, 80, 84
Guerras, 60, 101
Hábitos, 53, 126, 139
Hitler, Adolf, 155
Ideias, 30-31, 79, 82, 93, 104, 126
Ilusões, 126
Imagens, 34, 106, 108, 130, 131; assustadoras, 146; de si, 160
Imaginação, 108, 130
Impulsos, 40, 57-61, 62, 75, 134, 143; autodefesa natural, 77
Incoerência, 30, 45, 54, 57, 67, 76, 88; torna-se clara, 142; definida, 140; pensamento literal, 153; mostra-se quando o conhecimento é aplicado, 140
Indivíduos, 66, 69, 74, 96, 122, 124; estabelecimento da ordem na vida dos, 126; pensamentos incoerentes nos, 57; problemas insolúveis dos, 32; natureza sentida como algo além dos, 160; características peculiares dos, 160; percebidos e experienciados, 132; pensamento e, 41, 45, 63, 102; valor dos, 97
Informação, 28, 29, 30, 85, 128, 132; doença da, 101; organizada no cérebro, 109
Insight, 108, 109, 116, 147, 148, 149
Instintos, 58, 142
Inteligência, 47, 77, 117
Intenção, 30, 44, 62-63, 140
Introspecção, 130
Koinonia, 96
Krishnamurti, Jiddu, 50, 86, 129
Liberdade, 60, 97
Linguagem, 123, 151; coletiva, 41, 45; ver também linguagem corporal
Linguagem corporal, 47, 85; ver também corpo físico
Mágico, 115
Mágoa, 122, 139, 140, 144
Matéria, 148
Max Planck, 82
Medo, 72, 80, 122, 125, 137; sutil, 32

Memória, 38, 103, 105, 135, 147; reprimida, 124
Mente, 69, 71, 73, 83, 147; presa ao paradoxo, 121, 127; coletiva, 66; distúrbio da, 122; estado esperançoso, 98; movimento da, 80; compartilhamento da, 77
Microcultura, 45, 68
Mitos, 107
Movimento, 80, 134, 145, 159; consciência do, 143; o corpo pode perceber o seu próprio, 62; criativo, 31
Nacionalismo, 122, 123
Nações, 39, 97, 122, 123
Natureza, 161, 162; adaptada pelo pensamento, 98; diálogo com, 31; harmonia com, 31; relações com, 30; sentida, 160
Necessidade, 63, 96, 110; absoluta, 61; impulso da, 57-61
Negociação, 35, 52, 58, 61, 91
Nervos, 105; sensitivos/motores, 62, 136
Neurofisiologia, 62, 109; distúrbio neuroquímico, 72
Observação, 56, 57, 128-132, 133, 137; ideia testada pela, 31
Ódio, 59, 75, 76, 80, 87
Opiniões, 36, 38, 57, 66, 67, 94, 158; não podem ser postas de lado, 58; defender, 76, 88; diferentes, 42, 44, 81, 82; limitadas, 78; não defendidas coerentemente, 68; chocantes, 72; políticas, 94; regras baseadas em, 71; suspender, 65, 73, 82; defender inconscientemente, 42
Ouvir, 30, 128, 133
Palavras, 79, 139; formação das, 33; poder das, 155; adoração das, 152
Paradoxo, 120, 125; "raiz", 123, 124
Participação, 50, 75, 78, 96; coletiva, 64-67; mútua, 74, 159; ver também pensamento participativo
Pensamento (s), 30, 83, 84, 85, 129, 130; abstrato, mudar, 142; coletivo, 97-116; comum, 31; diálogo e, 38-47; característica essencial do, 121; bem além da matéria, 149; os impulsos vêm do, 60; incoerente, 57, 153; movem-se como processos autônomos, 136; ocupado com questões, 32; dolorosos, 146; paradoxo e, 123; participativo, 150-167; reações produzidas pelo, 135; propriocepção do, 61-64, 144, 145; o som veicula o,

148; processo tácito, 78, 111, 140, 164; ver também necessidade

Pensamento racional, 121

Percepção, 31, 86, 104, 164; criativa, 60; fantasias que penetram na, 107; fundamentos da, 85; as representações do pensamento penetram na apresentação da, 111; ver também propriocepção

Persuasão, 66

Poder, 75, 112, 155, 160; conhecimento e, 99

Polanyi, Michael, 103

Poluição, 39, 43, 99, 162

Prazer, 32, 119, 120

Pressupostos, 51, 65, 73, 113, 118, 164; necessidade absoluta, 61; consciência de, 78; básicos, 36, 41, 95; contraditórios, 75; profundos, 54; defender, 77; diferentes, 43, 44, 52, 81; fundamentais, 35; que atrapalham a livre comunicação, 89; olhar por meio de, 128-130; não defendidos coerentemente, 68; contrários, 91; as pessoas em geral se atêm aos seus, 86; pressões por trás, 37; questionar, 102; dar-se conta mutuamente, 90; religiosos, 161; revelados e questionados, 72; papéis baseados em, 70; compartilhados, 65, 83, 84, 94; suspender, 55-57, 75

Problemas, 41, 58, 62, 63, 96, 101, 103, 114; absurdos, 118, 119, 120, 123; corporativos, 89, 91; lidar com, 95; dificuldades confundidas com, 127; ecológicos, 39, 94; esforços para resolver, 28; insolúveis, 32, 61; conhecimento "não responsável" pelos, 103; pessoais, 48, 49, 126; proliferação de, 117; psicológicos, 91, 119; enfrentamento real dos, 121; sociais, 126

Processo de aprendizagem, 71, 104, 166

Processo tácito, 54, 79, 118; ver também conhecimento; pensamentos

Propriocepção, 61-64, 109, 136-149

Questões, 59-60; confusas, 121; pessoais, 48; pressupostos por trás das, 119; racionais, 118; pensamentos ocupados com, 32

Raiva, 55-59 *passim,* 72, 73, 76-80, 105; justificada, 76; mútua,

75; suspensa, 137
Reações, 55, 56, 122, 125; emocionais, 145; produzidas pelo pensamento, 135; fortes, 37
Realidade, 106-108, 112-113, 129-130; percepção direta da, 145; reflexão da, 151; reflexos, 105, 148-149
Relatividade, 81
Religião, 39-40, 44, 59, 82, 95, 98, 156; pressupostos da, 43, 161; cosmologia da, 160
Representação, 108-116; errônea, 114-115
Segurança, 70
Sensibilidade, 84-88, 104, 132
"Sentidos", 104
Sentimentos, 104, 121, 124, 125, 127, 135, 158; maus, 139; viscerais, 144, 145; mover-se como processos por seus próprios, 136; pensamentos dão origem a, 159; ver também subtítulos específicos, por exemplo, raiva; frustração; culpa; ódio; amor
Separação, 39, 124, 129, 153
Significação, 32, 105, 117, 149, 157-158
Significado (s), 54, 69, 117, 128, 153; apropriados de comunicação, 28; comuns, 66, 67; similares, 29; fluxo de, 34; errado, 63; ver também significado compartilhado
Significado compartilhado, 34, 45, 46, 65, 67, 69, 84; formado, 86; implicado, 54; necessidade de, 82
Similaridade, 29, 31, 85
Sionismo, 36, 54
Sistema imunológico, 101
Sistema nervoso, 145, 148
Sociedade, 84, 88, 122, 155, 160; pressupostos básicos da, 41; cimento que a mantém coesa, 69; comunicação e, 47; definida, 67; estabelecimento de uma ordem na vida da, 126; representações gerais e coletivas que circulam na, 114; glorificação do indivíduo, 74; o grupo como um microcosmo da, 49; doenças da, 95; incoerente, 54; ineficiente, 93; problemas insolúveis da, 32; a natureza percebida como algo além da, 160; punições da, 125;

pensamento e, 131
Subculturas, 42, 45
Suspensão, 55-57, 65, 73, 75, 82, 133-149 *passim*
Sutileza, 32, 71, 85, 86, 146, 164
Tecnologia, 27, 155, 163; avanço da, 97; comunicação e, 29; mortal, 99; pensamento e, 99
Tempo, 76
Teoria quântica, 81
Terapia, 49, 92
Todo, 96, 99, 133, 152, 153, 159
Totens, 152, 153
Tribos, 50, 150, 152, 155, 161
Valor (es), 89, 97, 98, 111, 113, 165; elevados, 40, 74, 152; mesclados, 141; supremo, 40, 152, 153
Verdade, 65, 78, 95, 119, 123; absoluta, 82; comunicar coerentemente na, 51; inferencial, 149; opiniões experienciadas como, 38; ciência e, 44; compartilhada, 82; o pensamento como, 146
Violência, 75, 76, 95, 125, 134; frustração e, 28; crescimento da, 98; suspensa, 137
Weyl, Herman, 81

OBRAS DA PALAS ATHENA EDITORA
Complementares à temática abordada neste livro

Processos circulares de construção de paz – teoria e prática
Kay Pranis

Experiências bem-sucedidas que combinam tradições humanas ancestrais com modos inovadores de transformar conflitos e criar acordos com base nas necessidades dos envolvidos – frutos da escuta qualificada e empoderamento – tornaram-se extraordinários instrumentos de mudança na percepção das diferentes maneiras de reagir nas situações, aumentando o senso de interdependência e humanidade partilhada, evitando mal-entendidos e a escalada de conflitos.

Justiça restaurativa – teoria e prática
Howard Zehr

A Justiça Restaurativa firmou-se nas últimas décadas como prática inovadora. Vê o crime como violação de pessoas e suas relações humanas, que acarretam a obrigação de reparar os danos e males que afetam não apenas vítima, ofensor e seus grupos de pertença, mas toda a sociedade – pois com o rompimento do tecido social, o enfraquecimento dos laços comunitários engendra as violações futuras. Do mesmo autor de *Trocando as lentes - justiça restaurativa para o nosso tempo*.

Disciplina restaurativa para escolas – teoria e prática
Lorraine Stutzman Amstutz e Judy H. Mullet

De onde nos veio a noção de que o sofrimento corrige o mau comportamento? Como resolver problemas disciplinares de modo a fortalecer a comunidade escolar e os laços de coleguismo e cuidado mútuo? Estas e outras questões são abordadas nesta obra de grande aplicação prática e clareza conceitual. O universo da escola dos nossos dias sofre a pressão de violências estruturais manifestadas nos mais diversos sintomas: *bullying* ou assédio moral escolar, baixo rendimento acadêmico, absentismo, vandalismo e conflitos de toda ordem. É nesse contexto que este livro traz o arcabouço conceitual da Justiça Restaurativa e as experiências bem-sucedidas das Escolas Pacificadoras e outras metodologias aplicadas em várias partes do mundo.

Transformação de conflitos – teoria e prática
John Paul Lederach

Sem deixar-se levar por idealismos que não podem ser aplicados no mundo real, esta proposta descortina as possibilidades da transformação de conflitos que vão além da resolução de uma situação pontual ou o mero gerenciamento para evitar seus efeitos indesejados. Pontua a necessidade de lidar com a crise imediata, mas também de encaminhar uma solução de longo prazo adotando as práticas que viabilizam as oportunidades de mudança.

Transdisciplinaridade
Ubiratan D'Ambrosio

Uma postura transcultural de respeito pelas diferenças, solidariedade na satisfação das necessidades fundamentais, convivência harmônica com a natureza – no reconhecimento de que não há espaço nem tempo culturais privilegiados que permitam julgar e hierarquizar, como mais corretos ou verdadeiros, complexos de explicações e de convívio com a realidade. Não constitui uma nova filosofia, nem uma nova metafísica, tampouco uma ciência das ciências, muito menos uma nova atitude religiosa.

A imaginação moral: arte e alma da construção da paz
John Paul Lederach

A construção da paz é uma habilidade aprendida e uma arte. Para sermos artistas é preciso uma mudança de cosmovisão. Os profissionais da resolução de conflitos devem ver seu ofício como um ato criativo que brota das duras realidades das questões humanas e se liga a elas. Precisam ter um pé onde as coisas estão, e outro mais além.

Transcender e transformar: uma introdução ao trabalho de conflitos
Johan Galtung

Manual prático de transformação de conflitos – pessoais e domésticos, até dissensões internacionais por motivos econômicos ou religiosos, passando por confrontos originados em questões de etnia, classe e gênero. Traz à luz a interligação entre o conflito, a cultura profunda e os estratos sociais, mostrando que uma grande variedade de soluções está disponível para nós ao explorá-las com empatia, criatividade e não violência. Do mesmo autor de *O caminho é a meta - Gandhi hoje*.

Educar para a paz em tempos difíceis
Xesús R. Jares

Um panorama teórico-prático sobre educar para a paz, direitos humanos, convivência, democracia e desenvolvimento sustentável. Compara os esforços empreendidos em vários países. Mostra-se um excelente mapa da situação prática e cotidiana enfrentada por educadores e dos caminhos possíveis para implementar uma pedagogia fundada no respeito à vida. Do mesmo autor notável de *Pedagogia da Convivência*, um pioneiro espanhol em Educação para a Paz.

Diálogo Sobre a Natureza Humana
Boris Cyrulnik e Edgar Morin

Religando-nos à natureza e à cultura, debruçando-se sobre as origens de nossa espécie, dois visionários constatam a impossibilidade de dissociar cérebro e espírito, e apontam para a interdependência – desde sua origem – entre o cultural/psicológico e o cerebral/biológico.

O princípio da não violência: uma trajetória filosófica
Jean-Marie Muller

Fundamenta as formas eficazes de agir para superar a violência. Visa esgotá-la na fonte, com a mudança de atitude: ética e consistente, discutida aqui em detalhes. Convida a nos tornarmos cidadãos de uma civilização não violenta, possível de ser construída em conjunto. De Platão a Simone Weil, de Confúcio a Maquiavel, aprofundando-se em Éric Weil e nas ações de Gandhi, esclarece conceitos nebulosos e aponta as razões filosóficas para a recusa da ideologia da violência necessária, legítima e honrosa. Do mesmo autor de *Não violência na educação*.

Texto composto na fonte Gatineau.
Impresso em papel Offset 75gr pela Gráfica PAYM.